C Stockert

Das Reichsland Elsass-Lothringen

C Stockert

Das Reichsland Elsass-Lothringen

ISBN/EAN: 9783743657489

Hergestellt in Europa, USA, Kanada, Australien, Japan

Cover: Foto ©ninafisch / pixelio.de

Weitere Bücher finden Sie auf **www.hansebooks.com**

Das Reichsland

Elsaß-Lothringen.

Geographischer Leitfaden

für die höheren Lehranstalten.

Von

C. Stockert,
Oberlehrer am Collegium zu Mülhausen.

Straßburg.
C. F. Schmidt's Universitäts-Buchhandlung.
Friedrich Bull.
1873.

Vorwort.

Vorliegende Skizze ist ein Resultat des Unterrichts in dem betreffenden Gegenstande, indem der Verfasser das, was er im Laufe des Sommers über das Reichsland seinen Schülern vorgetragen, einfach zusammengestellt hat. Daß ein Erstlingswerk auf diesem bis jetzt vollständig unbearbeiteten Gebiete, besonders bei der theilweisen Unsicherheit der benützten Quellen und den vielfach ganz veränderten Zuständen, kein vollkommenes Meisterstück sein kann, braucht eigentlich nicht erst gesagt zu werden. Bei aller Sorgfalt, die angewendet wurde, werden sich immerhin Unrichtigkeiten eingeschlichen haben, werden wesentliche Dinge ausgelassen, unwesentliche zu sehr hervorgehoben sein. Eine böswillige Kritik fände hier in so fern eine willkommene Beute. Trotzdem wagt es der Verfasser mit der Publikation hervorzutreten, und zwar weil er das Bedürfniß eines Leitfadens in der Hand des Schülers zu sehr empfunden hat. Durch bloßes Vorerzählen von Seiten des Lehrers bleibt nur Weniges oder Unklares beim Schüler haften, durch das Diktiren wird nutzlos viele Zeit verschwendet. Zu derselben Ansicht werden wohl die Herrn Collegen, die den nämlichen Gegenstand in dem Unterricht behandelt haben, auch gekommen sein. An diese wendet sich der Verfasser und bittet sie, die Skizze mit Nachsicht aufzunehmen und zu wünschende Verbesserungen in Bezug auf Anordnung, Inhalt und Form ihm gefälligst mittheilen zu wollen. Eine zweite Auflage wird allen berechtigten Wünschen gebührende Rechnung tragen.

Beim Unterrichte wird man wohl am besten mit der nächsten Umgebung, mit dem betreffenden Kanton beginnen und an der schwarzen Wandtafel mit Kreide dem Schüler ein Bild der ihm schon bekannten Gegend im verjüngten Maßstabe entwerfen. Hat er das begriffen und versteht er es einigermaßen nachzuzeichnen, so mag der Uebergang zur Karte geschehen, auf welcher ihm dasselbe Stück gezeigt wird und wodurch er sich hier orientirt. Daran schließen sich am leichtesten die Grenzen und die politische Eintheilung des Landes, dann Orographie*) und Hydrographie, an diese die nähere Behandlung der einzelnen Kreise und Kantone an, wobei man einen geschichtlichen Ueberblick über das ganze Land vorausschicken oder nachfolgen lassen mag. Bei dem engen Rahmen, der dem Büchlein zum voraus vorgezeichnet war, mußte dieser letzte Abschnitt ungeheuer zusammengedrängt und konnte Einzelnes nur angedeutet werden. Jeder Lehrer wird den trockenen Stoff zu beleben und daraus das gerade für die betreffende Gegend und das Alter des Schülers Angemessene herauszuwählen wissen.

Dem Herrn Regierungsrath M e tz und Herrn Bergmeister M o s l e r in Straßburg, sowie dem Herrn Bergmeister B l c e s in Metz sagt der Verfasser für die Zusendung wichtigen statistischen Materials seinen herzlichsten Dank.

---

*) Eine von dem Verfasser entworfene Skizze der Höhenzüge der Vogesen (wie in den Seydlitz'schen Lehrbüchern) wurde einzufügen dieses Mal unterlassen, um den Preis des Büchleins nicht zu steigern.

Der Verfasser.

Das Reichsland

Elsaß-Lothringen

bildet die südwestliche Spitze des deutschen Kaiserreiches und liegt zwischen 47° 25' — 49° 30' nördlicher Breite und 23° 35' — 25° 55' östlicher Länge (von Ferro).

Grenzen. Dasselbe grenzt im Süden an die schweizer Kantone Baselstadt, Baselland, Solothurn (die Exklaven Mariastein und Klein-Lützel) und Bern; im Westen an die französischen Departements Doubs (mit den bei Frankreich gebliebenen Stücken von Haut-Rhin), Haute-Saône (bis zum Ballon d'Alsace), Vosges (bis zum Donon), Meurthe (bis in die Nähe von Gorze) und Meuse (mit den bei Frankreich verbliebenen Stücken des Departement Moselle); im Norden an das Großherzogthum Luxemburg, die Provinz Rheinpreußen (Regierungsbezirk Trier) und Rheinbayern; im Osten an das Großherzogthum Baden.

Ableitung des Namens. Der Name Elsaß wurde herkömmlich abgeleitet von Ale, Ele, einem alten Namen des Jllflusses und Saß, Bewohner; also Jllbewohner. Der Fluß hieß aber von jeher Jlla oder Hilla, und die Form Alsa ist erst aus Alsatia gebildet worden. Das Wort „Elsaß" ist vielmehr abzuleiten aus dem gothischen „alis" anber (verwandt mit dem lat. alius) und dem althochdeutschen „sazo" der Sitzende, Sasse, Bewohner. Die Alamannen auf der rechten Seite des Rheines bezeichneten damit ihre in's Ausland (auf die linke Seite des Flusses) hinübergewanderten Stammesgenossen.

Anmerkung: Nach elsässer Sprachgebrauch und dem Vorgange Göthe's ist zu sagen: das Elsaß.

Der Name **Lothringen** kommt von dem Karolinger Lothar II. († 868), der 855 in der Theilung mit seinen Brüdern Ludwig II. und Karl II. die Länder zwischen Schelde, Rhein,

Maas und Saône, das f. g. Lotharingische Reich (Lotharii regnum) erhielt.

Bestandtheile des Landes unter französischer Herrschaft. Nach den Friedenspräliminarien von Versailles (26. Februar 1871) und dem definitiven Friedensvertrag von Frankfurt a M. (10. Mai 1871, ratificirt 20. Mai) wurde von Frankreich an das deutsche Reich abgetreten:
1) Das Departement Ober-Rhein mit Ausnahme der westlichen Theile des Arrondissement Belfort (die Kantone Belfort, Delle, Giromagny und Theile von Fontaine);
2) von dem Departement Vosges Theile der Kantone Schirmeck und Saales (Arrondissement St. Dié);
3) das Departement Nieder-Rhein;
4) von dem Departement Meurthe die Arrondissements Château-Salins (Salzburg) und Saarburg (theilweise);
4) das Departement Moselle mit Ausnahme einzelner Theile der Kantone Audun, Longwy, Briey und Gorze.

Größe und Einwohnerzahl. Nach den neuesten statistischen Angaben (Zählung vom 1. Dezember 1871) enthält das Reichsland (in runder Summe) 1 550 000 Einwohner auf 261 ½ Quadratmeilen*)

Die Gegend an der Saar und Nied (Lothringen) ist am dünnsten, die Gegend zwischen Mülhausen und Straßburg (Ober-Elsaß) am dichtesten bevölkert.

Bodenformation.

Das Land zerfällt in Bezug auf die Gestaltung seiner Oberfläche in 3 Theile:
1. Die Rheinebene,
2. die Gebirgslandschaft,
3. das lothringische Hügelland.

1. **Die Rheinebene** des Elsasses, 65 ☐M. groß, ist ein Theil jener großen Ebene, die sich von Basel bis Bingen erstreckt und das Becken eines vorweltlichen Binnenmeeres ist, das früher vielleicht durch die „Lücke von Belfort" mit Doubs

---
*) Für die Maßbestimmungen ist zu bemerken:
1 Meter = 3,186 preußische = 3,333 badische Fuß.
1 metrische Meile = 0,99569 pr. Meile = 7500 Meter = 750 Ketten = 7½ Kilometer.
1 metrische ☐Meile (= 5625 Hektare à 100 Aren à 100 Meter) = 0,99139 pr. ☐M.
1 Hektar = 3,9166 pr. Morgen.

und Rhone und dem Mittelmeere zusammenhing, und sich erst nach Durchbrechung der Gebirgswand unterhalb Bingen in die Nordsee entleerte. Elsaß theilt diese Ebene mit dem Großherzogthum Baden und zwar so, daß südlich der breitere Theil, der zugleich das Bett der Ill enthält, auf jenes fällt. Nach Norden zu drängt sich der Rhein immer mehr auf die linke Seite und überläßt Baden die größere Fläche.

Der elsässische Theil, 1½—3½ Meilen breit und nur wenige Meter über dem Spiegel des Rheines gelegen, der vielfach launenhaft sein Bett ändert, liegt bei Basel 250 M., bei Colmar 200 M., bei Straßburg 144 M. u. bei Lauterburg ca. 120 M. über der Meeresfläche. Er besteht theils aus fruchtbarer Ackererde, theils aus Sand und Kies, die sowohl durch den Rhein, als auch durch die Ill und ihre Zuflüsse herbeigeführt worden sind. Eine sanfte Erhebung, die im Ober-Elsaß ungefähr mit dem Laufe des Rhone-Rhein-Canals zusammenfällt, bezeichnet die Grenze zwischen den Anschwemmungen des Rheines und der Ill. Wo der Kiesboden vorherrscht, finden sich hauptsächlich Waldungen, wie der **Hardtwald** bei Mülhausen, 14764 Hektare groß, der **Nonnenbruch** bei Sennheim, der **Kastenwald** bei Neubreisach, der **Illwald** bei Schlettstadt, der **Hagenauer Forst** nördlich von Hagenau. Dagegen wo sich der Ackerboden zeigt, breiten sich überaus reiche und landwirthschaftlich vortrefflich ausgenutzte Gegenden aus (am besten angebaut zwischen Schlettstadt und Brumath). Der beim Rheine zunächst liegende Landstrich, als der den Launen dieses Flusses ausgesetzte, sandige, weniger fruchtbare und theilweise ungesunde, ist nicht so stark bevölkert, als der an den Vorbergen der Vogesen sich hinziehende gesunde und fruchtbarere Theil.

2. **Die Gebirgslandschaft.** Die Südspitze des Landes (nördlich abgegrenzt durch den Rhone-Rhein-Canal) wird gebildet durch die Kalkmassen des Jura-Gebirges, das hier seine nördlichsten Ausläufer hat. Einzelne hervorragende Punkte sind: der **Morsberg** (Morimont), 822 M. bei Oberlarg, der **Glasberg** bei Winkel, 817 M.

Die **Vogesen** (les Vosges), auch Wasgaugebirge (Wasigenwald) genannt, ziehen sich in der Richtung von Süden nach Norden ziemlich parallel und symmetrisch mit dem gegenüberliegenden Schwarzwalde, mit dem sie wohl auch, ehe die Rheinthalspalte entstand, ein zusammenhängendes Ganze bildeten. Sie fallen gegen die Rheinebene meistens steil ab. Es findet sich nur weniges Hügelland auf dieser östlichen Seite vorgelagert, am wenigsten im Süden, mehr im Norden in der Gegend zwischen Zabern und Weißenburg.

Sie haben eine Länge von 33 Meilen (ca. 250 Kilom.) bei einer durchschnittlichen Breite von 2½ Ml. auf deutschem Gebiete.

Sie zerfallen in zwei Theile, einen südlichen höheren und einen nördlichen mehr plateauförmig gestalteten und niedereren.

Der südliche Theil beginnt bei Belfort und Lure in Frankreich, wo die Monts Faucilles die Verbindung mit Lothringen herstellen und der Paß von Belfort (trouée de Belfort) sowie das untere Largthal die Trennung zwischen dem Jura bewerkstelligen, und zieht sich bis zum Breuschthal (nach Andern: bis zum Paß von Zabern).

Im Westen dieses Thales bei St. Dié an der Meurthe (Frankreich) beginnt der zweite nördliche Zug, der eine Zeit lang fast parallel neben dem ersten herläuft, sich bis Weißenburg an der Lauter erstreckt und weiter westlich sich in den Gebirgszügen Rheinbayerns gegen Pirmasens hin fortsetzt.

Der Hauptbestandtheil des Gebirges ist der Buntsandstein (grès bigarré) und der den bezeichnenden Namen führende Vogesensandstein. Letzterer bildet eine conglomeratartige Schichte (abgerundete Quarzstücke von Eisenoxyd-Cement zusammengehalten), oft bis zu 400 M. Mächtigkeit. Im Süden ist derselbe, namentlich in den hohen Gebirgsstöcken, vielfach durchbrochen von Granit und Gneis, die hier den Hauptstock bilden und welchen die andern Gesteine vorlagern. Auch Glimmerschiefer (schiste micacé), Syenit, Diorit, Hornstein (roche cornéenne) und Porphyr treten einzeln auf. Im nördlichen Theile lagert sich um und zwischen den Buntsandstein der Muschelkalk (calcaire coquillier), und diese Formation zieht sich auf der allmälig abfallenden Hochebene bis nach Lothringen hinein.

Die Vorberge der Vogesen sind meistens mit Weinpflanzungen bedeckt (bis zu einer Höhe von 400 M.), der Getreidebau steigt bis 900 M. hinauf. Hinter diesen zeigen sich Laub- und Nadelwaldungen (unten Buchen, Eichen, Kastanien, oben Tannen, Fichten, Lärchen), in der Höhe von 1000—1400 M. aber Weideplätze, abwechselnd mit Wald. Schnee liegt auf den höchsten Spitzen von Oktober bis April.

Der Kamm des Gebirges, der jetzt so ziemlich die Grenze zwischen Frankreich und dem Reichslande und zugleich die Wasserscheide zwischen Ill und Mosel bildet, hat eine mittlere Höhe von 1000 M. Theils auf diesem, theils auf den gegen Osten auslaufenden Aesten finden sich die höchsten Bergkuppen, die hier den Namen Belchen oder Bölchen, ballons (lat. Belus, Belcus) tragen.

Die Hauptkuppen sind:

der **Sudel**, südlich von Masmünster, 920 M.;

der **Bärenkopf**, südwestlich von Masmünster, 1077 M.;

der **elsässer Belchen**, ballon d'Alsace, nordwestlich von dem vorigen. Die 1244 M. hohe Spitze und die in einer Höhe von 1170 M. von Giromagny nach St. Maurice führende Straße liegen ganz auf französischem Gebiete;

der **Kratzen**, Gresson oder Craisson, nördlich von Masmünster, 1124 M.;

der **Roßberg**, östlich von dem Kratzen, 1196 M.;

der **Neuwaldkopf**, la Tête des Neuf-Bois, westlich von St. Amarin und

der **Col de Bussang** mit der Hauptmoselquelle, 1234 M.;

der **Trummenkopf**, Drumont, nördlich von dem vorigen, 1226 M.;

der **Winterung**, Grand Ventron, am oberen Amarinenthal und an der französischen Grenze, 1209 M.;

der **Rothenbach**, Knotenpunkt für das Amarinen- und Münsterthal, 1319 M.

Von dem R. geht ein Gebirgszug von der Hauptkette nach Südosten ab, zwischen den Flüssen Thur und Lauch sich hinziehend. Auf diesem befinden sich:

der **Wissort** an der Fechtquelle, 1318 M.;

der **Hundskopf**, la Tête du Chien, südöstlich von dem vorigen, 1363 M.;

der **Sulzer** oder **Gebweiler Belchen**, le ballon de Soultz ou de Guebwiller, 1432 M., der höchste Berg des ganzen Wasgaugebirges, dem Feldberge im Schwarzwalde gerade gegenüber;

der **Kahlenwasen**, petit ballon, nördlich vom Sulzer Belchen in dem Seitenast zwischen Lauch und Fecht, 1274 M.

Ferner finden sich auf dem westlichen Hauptzuge nördlich vom Rothenbach:

der **Hoheneck** oder **Honeck**, westlich vom Münster, 1366 M.;

der **Kruppenfels**, nördlich von vorigem, 1255 M.;

der **Reisberg**, in der Nähe des weißen Sees, 1054 M.;

der **Roßberg**, nördlich von dem vorigen mit einer Straße aus dem Thale des Beschbach's (Béhine) in das Meurthegebiet, 1196 M.;

der **Bonhomme**, bei Schnierlach (La Poutroye), 1086 M.;

der **Blubenberg**, Bressoir, bei Markirch, 1231 M.;

der **Winberg**, Climont, zwischen Saales und Weiler (Villé) am Südende des Breuschthales, 974 M.;

das **Hochfeld**, le Champ-du-Feu, auf der Ostseite des Steinthales (Ban-de-la-Roche), 1054 M.;

der **Ungersberg**, nordöstlich von Weiler, 904 M.;

der **Rathsamhauser=Stein** (Rocher de R.), 1049 M.; Ursprung der Kirneck;

der **Roßberg**, östlich von Natzweiler, 1019 M.;

die **Bloß**, 817 M. und der St. **Ottilienberg** (Hohenburg), 700 M., nördlich von Barr;

der **Donon**, 1010 M.; Ursprung der weißen Saar;

der **Großmann**, Prancry, 983 M.; Ursprung der Zorn;

der **Katzenberg**, Porte de Pierre, westlich von Ober=haslach, 1007 M.;

der **Schneeberg**, bei Wangenburg, 963 M.

Zwischen den Süd= und Nordvogesen schneidet sich der **Paß von Zabern** ein an der schmalsten Stelle des ganzen Gebirgszuges. Die **nördliche** Fortsetzung der Vogesen nimmt einen ganz andern Charakter an. Sie erscheint mehr als eine zusammenhängende Hochfläche, die westlich sich nach Lothringen hinein verflacht, östlich mit einförmig fortlaufenden Hügelreihen zum Rheinthal abfällt.

Unter den hervorragenden Punkten können noch erwähnt werden:

der **Bastberg** (Sebastiansberg, bei Göthe „Baschberg") bei Buchsweiler, 382 M.;

das ehemalige Fort **Lichtenberg**, 399 M.;

die **Altenburg** von Lützelstein (La Petite-Pierre), 432 M.;

der **Wasenberg**, westlich von Niederbronn, 528 M.;

der Ochsenkopf, nördlich von Niederbronn, 523 M.;
der hohe Kopf, südlich von Bitsch, 438 M.;
der Rauneck, westlich von Stürzelbronn, 451 M.;
der Herberg, an der bayr. Grenze bei Obersteinbach, 508 M.;
der Dürrenberg, an der bayr. Grenze bei Wingen, 514 M.;
der Scherhohl (Le Pigeonnier) bei Weißenburg, 487 M.

Rheinebene und Vogesen besitzen einen großen Reichthum an Mineralien der verschiedensten Art, deren Ausbeutung gänzlich in den Händen von Privaten liegt:

I. Bergwerke.

Im Elsaß liegen 16 eigentliche Bergwerks-Concessionen und zwar:
1. Winkel (Kreis Altkirch), Berechtigung auf Eisenerze;
2. Markirch (Kreis Rappoltsweiler), Berechtigung auf Silber- und Bleierze;
3. St Pilt (Kreis Rappoltsweiler), Berechtigung auf Silber- und Bleierze;
4. Laach (Lalaye) (Kreis Schlettstadt), Berechtigung auf Steinkohle;
5. Erlenbach (Kreis Schlettstadt), Berechtigung auf Steinkohle;
6. Framont (Kreis Molsheim), Berechtigung auf Eisenerze;
7. L'Evêché (Kreis Molsheim), Berechtigung auf Eisenerze ꝛc.;
8. Rothau (Kreis Molsheim), Berechtigung auf Schwefelkies, Eisenerze und andere mitbrechende Erze;
9. Röhrenthal und Fleckenstein (Kreis Weißenburg), Eisenerze;
10. Dahlenberg (Kreis Weißenburg), Eisenerze;
11. Friensburg (Kreis Weißenburg), Eisenerze;
12. Kleeburg (Kreis Weißenburg), Petroleum, Asphalt u Lignit;
13. Lobsann (Kreis Weißenburg), Lignit und Asphaltkalk ꝛc.;
14. Pechelbronn (Kreis Weißenburg), bituminöser Sand, Petroleum;
15. Schwabweiler (Kreis Weißenburg), Petroleum;
16. Buchsweiler (Kreis Zabern), Lignit, Alaun- und Vitriolerde.

In schwunghaftem Betrieb stehen nur die 4 letztgedachten Gruben mit im Ganzen ungefähr 250 Mann Belegschaft:

Lobsann hat eine Jahresproduction von rund 150,000 Kil. Asphaltöl und 250,000 Kil. Asphalt zur Deckung, sowie eine geringfügige Production Braunkohle;

Pechelbronn, ca. 100,000 Kil. Theer und 120,000 Kil. Schmieröl und Petroleum;

Schwabweiler, ca. 180,000 Kil. Petroleum;

Buchsweiler, ca. 18,000,000 Kil. Schwefelkies haltige Braunkohle zur Alaun- und Eisenvitriol-Fabrikation (nur ein geringer Theil dieser Braunkohle wird als Brennstoff benutzt).

In den Concessionsfeldern Framont, L'Evêché und Rothau gehen außerdem einige Untersuchungsarbeiten auf Schwefelkies zur Schwefelsäurebereitung mit insgesammt 12 Mann Belegschaft um.

II. Gräbereien (bergrechtlich minières).

Der Eisenerzgräbereien werden sieben betrieben, und zwar liegen sie sämmtlich im Kreise Hagenau in den Gemeinden Hüttendorf, Mietesheim, Dauendorf, Offweiler, Uhrweiler und Bischholz. Sie haben bei 80 Mann Belegschaft eine ungefähre Production von insgesammt 250,000 Kil. alluviale Eisenerze pro Betriebsmonat.

Zwei der Gräbereien, Grube Hüttendorf bei Hüttendorf und Grube Neuburg bei Dauendorf, werden unterirdisch mit 18, resp. 20 Mann betrieben.

III. Torfstiche.

Die Torfgewinnung findet hauptsächlich in der Gemarkung Kurzenhausen, Landkreis Straßburg, für Rechnung der Bischweiler Tuchfabriken statt, welche jährlich ca. 13000 metr. Ztr. Torf zur Dampfkesselheizung verwenden. Außerdem finden sich hier und da im Ober- und Unter-Elsaß geringfügige Torfgewinnungen für den Hausbedarf.

IV. Steinbruchsbetrieb.

Vornehmlich dienen Buntsandstein, Vogesensandstein, Gips, Grauwacke, Muschelkalk, Jurakalk, Keupermergel, Granit, Porphyr, Feldsteinarten, Diorit und Tertiärkalk zu Ausbeutungen und zur Verwendung als Bausteine aller Art, als Mühlsteine, Schleifsteine, Pflastersteine, als Chaussee-, Weg-, Eisenbahnmaterialien u. s. w.

Längs der Vogesen gewinnt man den Vogesensandstein und vor Allem den Buntsandstein, hie und da Granit, Diorit und Porphyr; in den Hügelregionen: Buntsandstein, Kalkstein des Unteroolliths und des Lias, Gips und Muschelkalk, und in der Ebene fast ausschließlich Thon, Sand, Kies, Rollsteine. Die wichtigsten Sandsteingewinnungen des Ober-Elsaß liegen bei Gebweiler, Lautenbach, Ofenbach und am Hohenech; die wichtigeren Jurakalkgewinnungen des Ober-Elsaß bei Altkirch und Mülhausen. Die Hauptgruppe der Steinbrüche bildet im Unter-Elsaß die staffelförmig längs der Zorn situirte Reihe der Sandsteinbrüche in den Gemeinden Zabern, Hägen und Ottersthal; sodann sind von Wichtigkeit die Sandsteinbrüche im Breuschthal in den Gemarkungen Niederhaslach, Heiligenberg und Dinsheim und weiter hinauf im Kanton Schirmeck bei Champenay ıc., sowie die Gruppen verschiedener nutzbarer Gesteinsarten längs dem Vogesenrande bei Barr, bei Wasselnheim und Sulzbad.

Die Gipsgruppen liegen in den Gemarkungen Waltenheim, Schwindratzheim, Flexburg, Valbronn, Sulzmatt und Rixheim-Zinnersheim bei Mülhausen und werden zum Theil (ca. 12 von 30) unterirdisch), jede mit 2—4 Arbeitern, betrieben.

Die Zahl der betriebenen Steinbrüche stellt sich auf ca. 400 mit insgesammt 2300 Arbeitern.

3. Das lothringische Hügelland oder Stufenland läßt sich in folgende Abschnitte zerlegen:

Der Lothringen im Osten und Norden umsäumende Streifen, der ungefähr durch die Linien Hemingen=Finstingen und Saaralben=Sierck abgeschnitten wird, besteht noch meistentheils aus B u n t s a n d s t e i n, von M u s c h e l k a l k durchzogen und eingefaßt.

Der K e u p e r (marnes irisées), weniger quellenreich als der Buntsandstein, mit bunten Mergeln, Dolomit, Gips und Steinsalz, zeigt sich in dem Hügelflachland an der Nied und Kanner, in den Thälern von Schwemmboden überlagert. Er hat nur niedrige Hügel mit nicht über 50 M. Meereshöhe.

Der L i a s b o d e n bildet den Höhenzug zwischen Nied und Mosel und den des linken Moseluſers (Dolith). Er ist der fruchtbarste des ganzen Regierungsbezirkes, namentlich in den Kantonen Verny, Vigy, Kattenhofen, Metzerwieſe. In der oolithischen Hochebene hat Fort St. Quentin 348 M., die Erhebung bei Saulny 386 M., die bei Montois-la-Montagne 385 M. Höhe. Das Plateau westlich von Metz führt den Namen La Woëvre oder Voivre (Pagus Wabrensis).

In den Grenzbezirken auf der linken Moselseite von der luxemburgischen Grenze bis nach Novéant (auf der Grenze des braunen Jura und Lias) finden sich mächtige flötzartige Lagerstätten von E i s e n s t e i n e n. Der mittlere und südliche Theil des Landes (Marsal, Vic, Moyenvic, Dieuze, Saaralben) ist äußerst s a l z r e i c h. S t e i n k o h l e n finden sich in der Nähe der preußischen Grenze im Kreise Forbach (die Gruben von S t i e r i n g e n, S p i t t e l (L'hôpital) und C a r = l i n g e n). Das Vorkommen derselben bildet eine Fortsetzung des bedeutenden Saarbrücker Steinkohlenbeckens. Jedoch liegt in Lothringen das Steinkohlengebirge leider unter einer mächtigen Bedeckung sehr wasserreichen und klüftigen bunten Sandsteins, der das Niederbringen der Schächte und damit die Concurrenz mit den Gruben bei Saarbrücken sehr erschwert.

Die Thäler der Mosel und Seille besitzen einen sehr fruchtbaren Schwemmboden. Das Moselthal ist bis Ars oberhalb Metz von hohen Bergseiten eingeengt, erweitert sich von der Mündung der Seille an mit einer mittleren Breite von $3/4$ Ml. bis Diedenhofen. Gegen die preußische Grenze hin wird es wieder enger.

Gewässer.

Elsaß-Lothringen ist eines der am reichsten bewässerten Länder Europas. Nach neuer Zusammenstellung besitzt es 1070 Bäche und Flüßchen (Unter-Elsaß allein 340) von einer Gesammtlänge von 775 Meilen, die alle mehr oder minder dem Ackerbau und der Industrie dienstbar gemacht sind. Dazu kommen noch die Seen und die bedeutenden **schiffbaren Flüsse** und **Kanäle**.

Flüsse.

Stromgebiet des Rhone. In die Alle oder Halle (l'Allaine), einem Nebenflusse des Doubs, geht der am Bärenkopf entspringende **St. Nikolasbach** mit seinen linken Zuflüssen **Lutter** (Loutre) und **Schwarzbach** (Suarcine).

Der Rhein, le Rhin (lat. Rhenus, von hrinan rauschen und hell sein), 175 Meilen lang, entspringt in den Graubündner Alpen, fließt in seiner Hauptrichtung nordwärts und ergießt sich in die Nordsee. Er bildet die östliche Grenze des Reichslandes und trennt dasselbe von dem Großherzogthum Baden auf eine Länge von 198 Kilom. (26⅓ Meilen).

Sein Wasserspiegel hat bei Basel 247 M., bei Straßburg 134 M., bei Lauterburg 108 M. Meereshöhe. Seine mittlere Breite (Hauptstrom u. Nebenarme) beträgt 900 M. mit Schwankungen v. 300—2400 M. Der Abstand von Deich zu Deich beträgt oberhalb Straßburg 1700 M., unterhalb St. 2400 M. Die zwischen Straßburg und Kehl in einer Sekunde vorbeifließende Wassermasse beträgt bei ganz niedrigem Wasserstande 478 Kubikmeter, bei gewöhnlichem 3684 und ist bei Hochwasser schon bis auf 4500 Kubikmeter gestiegen. Die Tiefe des Rheines oberhalb Straßburg beträgt 1—4 M., unterhalb St. bis 8 M. Das Fahrwasser für die Schiffe liegt größtentheils auf der badischen Seite. Für den Betrieb der Tauschleppschiffahrt von Lauterburg bis Straßburg-Kehl hat die Central-Aktiengesellschaft für Tauerei in Köln die Concession auf 34 Jahre erhalten (v. 1875 an). Das Ueberschwemmungsgebiet des Flusses ist ein sehr weit ausgedehntes und mit die Ursache, daß seine Ufer im Elsaß weniger bevölkert sind. Der Hauptstrom wechselt sehr oft seine Richtung. So lag z. B. Altbreisach vor dem Jahre 1296 auf der linken Seite des Rheines, und Straßburg befand sich viel näher an demselben als jetzt.

Der Rhein bespült im Elsaß die Gemarkungen der Orte Hüningen, Neubreisach, Markolsheim, Rheinau, Straßburg, Drusenheim, Selz, Lauterburg.

Bis jetzt verbindet nur eine stehende Brücke (auf die Länge des Reichslandes) die beiden Rheinufer; es ist die von Straßburg nach

Kehl führende. Die erste Brücke wurde hier im Jahre 1388 gebaut. Die Holzbrücke wurde im holländischen Kriege von dem Prinz v. Condé verbrannt, zur Abtragung der wiederhergestellten der Straßburger Stadtrath von den Franzosen genöthigt. Die jetzige steinerne **Eisenbahnbrücke** wurde 1858—61 aufgeführt, am 22. Juli 1870 theilweise gesprengt.

Nebenflüsse des Rheines auf elsässischem Gebiete sind:

bie **Lützel** oder **Lizel** (la Lucelle), theilweise Grenze zwischen Elsaß und der Schweiz und Nebenflüßchen der **Birs**, die noch in der Schweiz in den Rhein mündet;

die **Büfich** oder **Biefig**, ebenfalls noch in der Schweiz mündend;

die **Ischert**, oberhalb Rheinau mündend;

die **Zembs**, der **Mühlbach** und ein Arm der Ill, namens **Kraft**, oberhalb Plobsheim mündend.

Die Ill (lat. Illa oder Hilla, später Alsa) ist der bedeutendste Fluß des Elsasses. Sie entspringt bei **Winkel** und **Lützdorf** an der Schweizergrenze im Jura nördlich vom Mont Terrible, fließt in einem gewundenen und gespaltenen Becken („die Ill geht wie sie will") fast parallel mit dem Rheine nach Norden und fällt bei Wanzenau unterhalb Straßburg in den Rhein. Die direkte Entfernung der Quelle von der Mündung beträgt **140 Kilom.**, die Stromentwickelung **180 Kilometer.**

Das ganze Bassin der Ill umfaßt einen Flächenraum von 458400 Hektaren. Sie wird unterhalb Colmar (bei Ladhof) schiffbar. Sie berührt die Gemarkungen der Orte: Altkirch, Mülhausen, Ensisheim, Colmar, Gemar, Schlettstadt, Benfeld, Erstein, Straßburg, treibt 60 Fabriken und wird auch sonst von der Industrie vielfach benutzt.

Die **Nebenflüsse** derselben kommen beinahe alle von der linken Seite und umfassen die ganze Wassermenge, die von der Ostseite der Vogesen im Ober-Elsaß herabströmt. Als solche sind zu nennen:

Die **Larg**, la Largue, (l.) entspringt bei dem Dorfe Larg nördlich vom Morimont nahe der Illquelle, nimmt die kleine Larg, den Traubach und Sulzbach auf, ist 43 Kilom. lang und mündet oberhalb Illfurt.

Die **Doller** (l.) kommt vom Bärenkopf und elsässer Belchen, entsteht aus Ausflüssen des Sewen und Neuweyer, durchströmt das **Masmünsterthal** (la vallée de Massevaux) und mündet bei Illzach nach einem Laufe von 47 Kilom.

Die **Thur** (l.) entspringt am Rothenbach, durchfließt

das **Amarinenthal** an St. Amarin, Thann und Sennheim vorbei. Ein Arm (7⅓ Meilen lang) mündet bei Ensisheim, der andere geht parallel der Ill an Rufach und Herlisheim vorbei und mündet bei Colmar (11½ Meilen lang).

Die **Lauch** (l.) entspringt am Lauchen, nimmt den Ausfluß des Belchensees (lac du Ballon) auf, durchfließt das **Murbach**- (obere Theil) und **Gebweiler**- oder **Blumenthal** (Florival), empfängt von links den **Rothbach** oder **Ohmbach** (Sulzmatter Thal), verbindet sich mit dem 2. Arm der Thur und mündet bei Colmar (42 Kilom. lang).

Die **Fecht** (l.), 6⅔ Ml. l., kommt vom Wissort, durchfließt das **Gregorien**- oder **Münsterthal** (Münster, Türkheim), nimmt den **Kleinthalbach**, den **Krebsbach**, die **Weiß** (4 Ml. l.) und den **Strengbach** auf und mündet unterhalb Gemar bei Illhäusern.

Die **Weiß** entsteht aus den Zuflüssen des weißen und schwarzen Sees, durchfließt das Urbisthal (Vallée d'Orbey), bekommt von Schnierlach (La Poutroye) her den **Beschbach** (la Béhine) und mündet in die Fecht bei Hausen.

Die **Blind** (r.) entsteht oberhalb Weier bei Andolsheim, ist 30 Kilom. lang und mündet zwischen Schlettstadt und Mutterholz.

Der **Giesen** (l.), 5½ Ml. lang, entsteht bei Weiler (Villé) aus der Vereinigung zweier vom Climont kommender Bäche und mündet unterhalb Schlettstadt.

Ein rechter Nebenfluß derselben ist die **Leber** (la Lièpvre, Lièpvrette) oder **Leberach**, 4 Ml. lang, welche in der Nähe des Bonhomme entspringt, durch Markirch fließt und das **Leber**- oder **Hagenthal** bildet.

Die **Scheer** (l.), 5½ Ml. l., entsteht in den Granitbergen der Umgegend von Dambach und Andlau, empfängt aus dem Giesen das **Blumenbächel**, theilt sich bei Kerzfeld in zwei Arme, von denen der rechte in die Ill geht bei Ichtratzheim, der linke in die Andlau unter dem Namen **Neue Scheer**.

Die **Andlau** (l.), 45 Kilom. lang, 2 Ml. weit flößbar, entspringt am Fuße des Hochfeldes, empfängt unterhalb Walf die **Kirneck**, verbindet sich mit der neuen Scheer und mündet unterhalb Fegersheim in die Ill.

Die **Ehn** (l.), 5³/₄ Ml. l., entsteht im Südwesten von Oberehnheim am Rathsamhauser Stein, durchfließt das **Klingenthal**, bekommt unterhalb Niederehnheim den Namen **Ergers**, nimmt das von Roßheim kommende **Rosenmeer** auf, verzweigt sich vielfach und mündet oberhalb Jllkirch.

Die **Breusch**, la Bruche (l.), 70 Kilom. lang, entspringt am Fuße des Winberg (Climont), sendet bei Mutzig nach rechts die Altdorfer Breusch ab und mündet 2 Kilom. oberhalb Straßburg.

Zuflüsse derselben sind: die **Hasel** (l.) bei Oberhaslach, die **Magel** (r.), die **Mossig** (l.), 5½ Ml. l., welche vom Schneeberg kommt, an Wangenburg und Wasselnheim vorbei das **Kronthal** durchfließt, 42 Fabriken treibt und bei Sulzbad mündet.

Die **Suffel** (l.) entsteht aus der Vereinigung dreier Bäche und geht oberhalb Wanzenau in die Jll.

Die **Moder**, 10²/₃ Ml. l., entspringt bei Zittersheim nördlich von Lützelstein, fließt an Hagenau und Bischweiler vorbei und mündet bei Neuhäusel oberhalb Fort Louis in den Rhein.

Nebenflüsse derselben:

Der **Rothbach** (l.) mündet bei Pfaffenhofen;

die **Zinsel** oder **Dinkel** (l.), 6⅓ Ml. l., entspringt südlich von Bitsch, durchfließt das **Bärenthal**, empfängt v. Niederbronn her den **Fallensteinbach** mit dem **Schwarzbach** (Jägerthal) und mündet bei Schweighausen.

Die **Zorn** oder **Sorr** (r.), 95 Kilom. l., entspringt am Großmann, fließt an Dagsburg, Lützelburg, Zabern, Hochfelden, Brumath, Bischweiler vorbei und mündet unterhalb Rohrweiler. Sie nimmt links die aus dem Craufthal kommende s. g. **Zaberner Zinsel**, rechts die **Mossel** und den **Rohrbach** auf.

Die **Sauer**, 8 Ml. im Elsaß lang, entspringt in Rheinbayern, tritt unterhalb Schönau in das Reichsland, wo sie flößbar wird, fließt an Wörth vorbei, empfängt rechts den **Eberbach** (5³/₄ Ml. l.), links den **Selzbach** (4³/₄ Ml. l.) und mündet in den Rhein unterhalb Beinheim.

Die **Lauter**, 5 Ml. auf elsäßischem Gebiete lang, kommt ebenfalls aus Rheinbayern (Dahnerthal), fließt an Weißenburg und Lauterburg vorbei, indem sie zugleich die Grenze bildet, und mündet bei Neuburg.

Die **Saar**, la Sarre (lat. Saravus oder Sarra), 30 Ml. l., wovon 15⅓ auf das Reichsland kommen, entspringt in den Vogesen im St. Quirinswalde unter dem Namen **Weiße Saar** (Sarre blanche), nimmt dann bei Hermelingen (Hermelange) die **Rothe Saar** (les Eaux rouges) auf, fließt an Saarburg, Finstingen, Saarwerden, Saar-Union, Saaralben und Saargemünd vorbei, bildet auf 1 3/8 Ml. die Grenze zwischen dem Reichslande und Rheinpreußen, tritt nach einem Laufe von 15 1/3 Ml. bei Gübingen ganz in den rheinpreußischen Regierungsbezirk Trier ein und mündet nach einem Laufe von weiteren 16 1/6 Ml. unterhalb Konz in die Mosel. Sie ist flößbar und wird unterhalb Saargemünd schiffbar. Sie wird 30—50 M. breit.

Zuflüsse derselben sind:

Der **Abfluß aus dem Weiher von Gondrexange** (l.), Ruisseau de l'Etang de G., mündet oberhalb Saarburg;

der **Bieberbach**, la Bièvre (r.), 4 1/3 Ml. l., mündet unterhalb Saarburg;

der **Landbach** (l.) aus dem Stockweiher kommend, mündet bei Gosselmingen;

die **Isch** (r.) entspringt westlich von Lützelstein, nimmt die **Brisch** (von Lixheim) auf und mündet unterhalb Wolfskirchen;

der **Raubach** (l.), der Ausfluß aus dem großen und kleinen Mühl-Weiher, mündet bei Harskirchen;

die **Eichel** (r.) mündet unterhalb Herbitzheim;

die **Albe** (l.) entspringt bei Robalben (Kr. Château-Salins), nimmt links den **Zellbach** und **Moder-(Motter-)bach**, rechts die **Rode** auf und mündet bei Saaralben;

die **Blies** (r.) entspringt in Rheinpreußen, durchfließt Rheinbayern, bildet eine Zeit lang die Grenze zwischen diesen beiden Ländern einerseits und Elsaß-Lothringen andererseits und mündet unterhalb Saargemünd. Sie ist bei ihrer Mündung eben so stark als die Saar. Aus dem Kreise Saargemünd strömen ihr zu der **Hornbach** mit **Schwalbach** und **Bickenalb**.

Die **Rossel**, la Rosselle (l.), von St. Avold kommend, und die **Bisten** (l.) münden in Rheinpreußen.

Die **Nied**, lat. Nita, (l.) entsteht bei Condé-Northen aus der Vereinigung der französischen und deutschen Nied.

Die **französische Nied** (l.), 7 1/3 Ml. l., entspringt bei Marthil, nimmt rechts die **Rotte** und **Aisne**, links die **Delme** auf und fließt an Pange, Courcelles vorbei.

Die **deutsche Nied**, 6 1/3 Ml. l., entspringt südöstlich von St. Avold, erhält bei Tetting den Abfluß aus dem Bischwalder Weiher und fließt an Faltenberg (Faulquemont) vorbei.

Die vereinigte Nied fließt noch 8 Ml. auf lothringischem Gebiete und ergießt sich oberhalb Merzig in Rheinpreußen in die Saar.

Der **Sanon** entspringt bei Avricourt und fließt zur Meurthe.

Die **Mosel**, la Moselle (lat. Mosella), 67 1/3 Ml. l., entspringt an der Grenze des Reichslandes, am Westabhange der Vogesen, im Norden des elsässer Belchen, wendet sich nordwestlich, wird bei Arches flößbar, bei Frouard schiffbar, tritt in das Reichsland bei Pagny, berührt Metz, Diebenhofen, Sierck, verläßt das Land wieder bei Apach und mündet bei Coblenz in den Rhein. Ihre Länge im Reichslande beträgt 10 ²/₃ Meilen. Die Meereshöhe ihres Wasserspiegels ist bei ihrem Eintritte in Lothringen 174 M., bei Metz 167 M., bei Diebenhofen 149 M., bei Sierck 142 M. Ihre mittlere Breite ist 120 M., ihre mittlere Tiefe 1½ M. Nebenflüsse derselben in dem Gebiete des Reichslandes sind:

Die Seille, lat Salia, (r.), 17⅓ Ml. l., kommt aus dem Lindarweiher (Etang de Lindre) westlich von Dieuze, vereinigt sich zu Dieuze mit den Bächen Spin und Verbach, nimmt bei Salonne (r.) die von Château-Salins her kommende Kleine Seille auf, berührt Marsal und Vic, bildet eine Zeit lang die Grenze zwischen dem französischen und deutschen Gebiet, durchströmt dann nordwärts eine sumpfige, salzreiche und ungesunde Gegend und mündet in Metz.

Die Orne (l.), 11⅓ Ml. l., gehört nur auf 1⅓ Ml. zu Lothringen, von Moyeuvre bis zu ihrer Mündung bei Richemont.

Die Fensch (l.), fließt an Flörchingen (Florange) vorbei.
Die Kissel (l.), bei Garsch.
Die Bibisch, la Bibiche, (r.), westlich von Metzerwiese.
Die Kanner, (r.), 26 Kilom. lang, an Königsmachern vorbeifließend.

Seen.

Im Elsaß:

Der Sewen, 507 M. über dem Meeresspiegel, der Sternsee, 971 M. ü. d. M. und der Neuweyersee bei Masmünster. — Ursprung der Doller.

Der Belchen=See (Lac du Ballon de Guebwiller), nördlich vom Gebweiler Belchen, hat eine Ausdehnung von 75000 ☐ Meter und eine Tiefe von 30 M. Ausfluß Seebach zur Lauch.

Der Darensee oder der grüne See, im obern Münsterthal, 4 Kilom. nordwestlich von Sulzern, hat 423 Are Oberfläche und bis 355 M. Tiefe in der Mitte. Ausfluß nach Münster zur Fecht.

Der schwarze See (le Lac noir), im obern Urbisthal, nordöstlich vom Darensee, 960 M. ü. d. M., hat 14 Hekt. Oberfläche und ungefähr 3 Kilom. Umfang. Ausfluß zur Weiß.

Der weiße See (le Lac blanc), 1 Kilom. nördlicher,

am Reisberg, 1054 M. ü. b. M., hat 25 Hekt. Oberfläche. Ausfluß zur Weiß.

In Lothringen:
Der Weiher (Etang) von Gondrexange (Gunder=fingen) westlich von Saarburg mit einem Ausfluß zur Saar.
Der Weiher von Rixingen (Réchicourt) im Norden dieses Ortes. Ausfluß zum Sanon.
Der Stockweiher (E. de Stock) nordwestlich von Saarburg bei Rhodes, 260 M. ü. b. M., mit 4 Ausbuchtungen. Landbach Ausfluß zur Saar.
Der große Mühlweiher westlich von Finstingen. Ausfluß Naubach zur Saar.
Der Lindarweiher (Etang de Lindre) bei Dieuze, 216 M. ü. b. M., mit 671 Hektaren Oberfläche, speist die Seille.

Canäle.

Das Land besitzt 8 bedeutende Schiffahrtscanäle von zusammen 54 Meilen Länge, außerdem verschiedene kleinere Canäle und canalisirte Flüsse, die alle dem Ackerbau, dem Handel und der Industrie dienstbar gemacht worden sind.

1. Der Rhone=Rhein=Canal, Canal de l'Est, C. du Rhône-au-Rhin, von 1815—30 auch C. Monsieur genannt, ist 42 Ml. 6925 M. l., wovon 17½ Ml. auf Elsaß kommen. Er beginnt zu St. Symphorien in der Saône, 219 Kilom. oberhalb Lyon, folgt dem Doubs, geht bei Gottesthal (Valdieu) über die Wasserscheide (340 M. h.), kommt in das Illthal und geht im Ganzen parallel mit Ill und Rhein bis Straßburg, wo er unmittelbar oberhalb der Stadt in die Ill mündet. Die Haupt=hafenplätze daran sind: Mülhausen, Neubreisach, Markolsheim, Sundhausen, Boofzheim, Kraft, Grafenstaden und Straßburg. Der Canal wurde 1744 projektirt und zwischen 1783—1834 vollendet.

2. Der Zweigcanal von Hüningen, Embranche-ment de Huningue, 3 Ml. 5600 M. l., zweigt sich aus dem Rhein bei Hüningen ab und mündet in den Rhone=Rhein=Canal 4 Kilom. unterhalb Mülhausen.

Kleinere nicht schiffbare Canäle gehören hieher:
Das Steinbächel, welches aus der Doller in die Ill bei Mül=hausen führt.

Der **Thur-** oder **Zwölf-Mühlen-Canal** verbindet Thur und Lauch.

Der **Fechtkanal** (Logelbach, Mühlbach, Gerberbach) kommt aus der Fecht oberhalb Türkheim und vereinigt sich mit einem Theile der Lauch bei Colmar.

Der **Vauban-Canal** (Canal von Neubreisach oder Canal von Widensolen), 5⅓ Ml. l., 1702 von Vauban angelegt, kommt aus der Ill unterhalb Ensisheim, speist die Gräben der Festung Neubreisach und fließt an Widensolen vorbei (Rigole de W.) in die Blind.

Ein **neuer Schifffahrts-Canal** zwischen dem Rhone-Rhein-Canal und dem Rhein bei Neubreisach wird in nächster Zeit gebaut werden.

3. Der **Canal von Colmar**, 13,6 Kilom. l., ist eine Verbindung Colmars und der Ill mit dem Rhone-Rhein-Canal (bei Künheim).

Der **Aubach** oder **Canal von Scherweiler** kommt aus dem Giesen oberhalb Scherweiler und theilt sich unterhalb dieses Ortes in den zur Ill gehenden **Mühlbach** und das zur Scheer fließende **Blumenbächel**.

4. Der **Breusch-Canal**, Canal de la Bruche, 2 Ml. 4780 M. l., kommt unterhalb Sulzbad aus der Mossig, läuft parallel der Breusch und mündet in die Ill 3 Kilom. oberhalb Straßburg. Er wurde nach Vauban's Plänen seit 1781 erbaut, wurde 1775 der Stadt Straßburg als Eigenthum übergeben und 1824 vom Staate wieder übernommen.

5. Der **Ill-Rhein-Canal**, die Fortsetzung des Marne-Rhein-Canals, 2258 M. l., beginnt bei dem Dorfe Ruprechtsau in der Ill und fließt in den s. g. kleinen Rhein.

Der alte städtische **kleine Canal** (le petit canal de l'Ill-au-Rhin) hat 2700 M. Länge, und der **Illkanal** (Canal des faux remparts) hat 1917 M. Länge. Beide sind im Innern der Stadt Straßburg.

6. Der **Marne-Rhein-Canal**, Canal de la Marne-au-Rhin, ist im Ganzen 42 Ml. 4855 M. lang, wovon auf das Reichsland 13⅔ Ml. kommen. Er beginnt bei Vitry-le-Français an einem Seitencanal der Marne, geht an Toul und Nanzig vorbei, tritt in das Reichsland bei Garde am Sanon, durchbricht die Wasserscheide der Vogesen mit dem 2300 M. l. Tunnel von Arzweiler, kommt in das Zornthal, an Zabern vorbei, und mündet 2 Kilom. unterhalb Straßburg in die Ill. Er wurde 1827 projektirt, 1838 begonnen und 1853 vollendet.

7. Der **Saarkohlen-Canal**, Canal des Houillères

ou de la Sarre, geht in dem See von Gondrexange (Gunberfingen) aus dem Rhein=Marne=Canal ab, überschreitet den Stock= und großen Mühlweiler auf massiven Aquäbukten, folgt dem Naubach und Saarthal und geht in die Saar bei Saargemünd. Der Canal wurde 1861 begonnen Er dient zum Kohlentransport aus dem kohlenreichen Saarbecken.

8. Der Salinencanal, Canal des Salines de l'Est, 4⅞ Ml. l., geht von Dieuze das Verbachthal hinauf in das Thal der Rode und mündet bei Saaralben.

An einem Mosel=Canal von der Reichsgrenze bei Arnaville bis Metz wird ebenfalls gearbeitet; die Strecke von A. bis Novéant sieht ihrer Vollendung entgegen.

Eisenbahnen.

Das Reichsland besitzt folgende Eisenbahnlinien:
1. Straßburg=Appenweier 3,4 Ml. l. (bis Kehl 12 Kilom. vom Bahnhofe, 5 Kilom. vom Metzgerthor).
2. Straßburg=Mülhausen 110 Kilom., bis Basel 143 Kilom.
3. Schlettstadt=Markirch 21 Kilom.
4. Colmar=Münster 19 Kilom.
5. Bollweiler=Gebweiler 7 Kilom.
6. Mülhausen=Sennheim=Wesserling 34 Kilom.
7. Sennheim=Sentheim 14 Kilom.
8. Mülhausen=Belfort 48 Kilom.
9. Straßburg=Molsheim 21 Kilom., bis Barr 38 Kilom.
10. Molsheim=Mutzig 3 Kilom.
11. Molsheim=Wasselnheim 14 Kilom.
12. Straßburg=Avricourt 92 Kilom. (Tunnel von Hommartingen 2678 M. l.).
13. Avricourt=Dieuze 23 Kilom.
14. Straßburg=Weißenburg 67 Kilom
15. Hagenau=Saargemünd 83 Kilom., bis Beningen 105 Kilom.
16. Saargemünd=Saarbrücken 18 Kilom.
17. Saarbrücken=Metz 78 Kilom.
18. Metz=Corny 14 Kilom. (bis Nancy 57 Kilom.).
19. Metz=Diedenhofen 33 Kilom. (bis Luxemburg 66 Kilom.).

20. Diebenhofen=Fontoy 15 Kilom. (bis Sedan 119 Kilom.).

Unter den verschiedenen neu projektirten Linien ist zunächst zu erwähnen:

21. Saarburg=Saargemünd 54 Kilom.

Colmar=Neubreisach im Anschluß an Altbreisach-Freiburg mit einer Rheinbrücke.

Eintheilung des Landes.

(Gesetz vom 30. Dezember 1871.)

Elsaß=Lothringen wird in **drei Verwaltungsbezirke** getheilt:

1) Den Bezirk **Unter=Elsaß**, welcher das frühere Departement Niederrhein und die zu Deutschland gehörenden Theile der Cantone Schirmeck und Saales umfaßt;

2) den Bezirk **Ober=Elsaß**, welcher das frühere Departement Ober=Rhein begreift, soweit dasselbe zu Deutschland gehört;

3) den Bezirk **Lothringen**, welcher den deutschen Antheil des früheren Departements Mosel und der früheren Arrondissements Château-Salins (Salzburg) und Saarburg einschließt.

Die Bezirke werden in **Kreise** getheilt.

I. Der Bezirk Unter=Elsaß

umfaßt die Kreise Straßburg (Stadt), Straßburg (Land), Erstein, Hagenau, Molsheim, Schlettstadt, Weißenburg und Zabern, welche auf circa **84,241 Quadratmeilen 100298 Wohnhäuser** und **600295 Einwohner** enthalten.

1. Der **Stadtkreis Straßburg** umfaßt die Stadt Straßburg, 1,390 Quadratmeilen mit 84167 Einwohnern.

2. Der **Landkreis Straßburg** umfaßt die Cantone Schiltigheim, Truchtersheim, Brumath, Hochfelden, und enthält auf 9,969 Quadratmeilen 13483 Wohnhäuser mit 75004 Einwohnern.

3. Der **Kreis Erstein** besteht aus den Cantonen

Benfeld, Erstein, Geispolsheim, Oberehnheim, und enthält auf 9,221 Quadratmeilen 12230 Wohnhäuser und 65661 Einwohner.

4. Der Kreis Hagenau besteht aus den Cantonen Niederbronn, Hagenau und Bischweiler. Er enthält auf 11,641 Quadratmeilen 12884 Wohnhäuser mit 73534 Einwohnern.

5. Der Kreis Molsheim besteht aus den Cantonen Schirmeck, Roßheim, Molsheim, Wasselnheim, und enthält auf 11,997 Quadratmeilen 78253 Einwohner.

6. Der Kreis Schlettstadt besteht aus den Cantonen Markolsheim, Schlettstadt, Weiler, Barr, und enthält auf 11,383 Quadratmeilen 13079 Wohnhäuser mit 77371 Einwohnern.

7. Der Kreis Weißenburg besteht aus den Cantonen Selz, Lauterburg, Weißenburg, Sulz unterm Wald, Wörth, und enthält auf 10,777 Quadratmeilen 11831 Wohnhäuser mit 62416 Einwohnern.

8. Der Kreis Zabern umfaßt die Cantone Maursmünster, Zabern, Drulingen, Saar-Union, Lützelstein, Buchsweiler, und enthält auf 17,863 Quadratmeilen 16803 Wohnhäuser mit 87547 Einwohnern.

II. Der Bezirk Ober-Elsaß

umfaßt die Kreise Colmar, Rappoltsweiler, Gebweiler, Thann, Mülhausen, Altkirch, welche auf ca. 67,965 Quadratmeilen 68545 Wohnhäuser und 459779 Einwohner enthalten.

1. Der Kreis Colmar besteht aus den Cantonen Andolsheim, Colmar, Münster, Neubreisach, Winzenheim, und enthält auf 11,586 Quadratmeilen 11745 Wohnhäuser mit 80749 Einwohnern.

2. Der Kreis Rappoltsweiler umfaßt die Cantone Kaysersberg, Schnierlach (La Poutroye), Markirch, Rappoltsweiler, und enthält auf 8,167 Quadratmeilen 10251 Wohnhäuser mit 67093 Einwohnern.

3. Der Kreis Gebweiler besteht aus den Cantonen Ensisheim, Gebweiler, Obersulz, Rufach, und hat auf 10,410 Quadratmeilen 10227 Wohnhäuser mit 64483 Einwohnern.

4. Der Kreis Thann umfaßt die Cantone Masmünster, St. Amarin, Sennheim, Thann, und enthält auf

9,771 Quadratmeilen 8972 Wohnhäuser mit 65643 Einwohnern.

5. Der Kreis **Mülhausen** umfaßt die Cantone Mülhausen Süd und Mülhausen Nord, Habsheim, Hüningen, Landser, und enthält auf 11,264 Quadratmeilen 16444 Wohnhäuser mit 126320 Einwohnern.

6. Der Kreis **Altkirch** besteht aus den Cantonen Altkirch, Dammerkirch, Hirsingen, Pfirt, und enthält auf 11,428 Quadratmeilen 55590 Einwohner.

III. Der Bezirk Lothringen

umfaßt die Kreise Stadt Metz, Landkreis Metz, Diedenhofen, Saarburg, Château-Salins (Salzburg), Bolchen, Saargemünd, Forbach mit ca. 109,159 Quadratmeilen, 96779 Häusern und 489385 Einwohnern.

1. Der **Stadtkreis Metz** umfaßt die Stadt Metz mit 0,118 Quadratmeilen, mit 3095 Häusern und 51388 Einwohnern.

2. Der **Landkreis Metz** umfaßt die Cantone Metz I., II., III. Land, Vigy, Pange, Verny, Gorze, und enthält auf ca. 19,388 Quadratmeilen 16962 Häuser mit 70647 Einwohnern.

3. Der Kreis **Diedenhofen** umfaßt die Cantone Diedenhofen, Kattenhofen, Metzerwiese, Sierck, und enthält auf 14,711 Quadratmeilen 16000 Wohnhäuser und 76390 Einwohner.

4. Der Kreis **Saarburg** umfaßt die Cantone Finstingen, Saarburg, Pfalzburg, Lörchingen (Lorquin), Rixingen (Réchicourt), und enthält auf ca. 18,078 Quadratmeilen 13092 Wohnhäuser mit 62554 Einwohnern.

5. Der Kreis **Château-Salins** (Salzburg) umfaßt die Cantone Albesdorf, Château-Salins, Dieuze, Vic, Delme, und enthält auf ca. 17,406 Quadratmeilen 12615 Wohnhäuser mit 52774 Einwohnern.

6. Der Kreis **Bolchen** umfaßt die Cantone Bolchen, Busendorf, Falkenberg, und enthält auf ca. 12,810 Quadratmeilen 11448 Wohnhäuser mit 47728 Einwohnern.

7. Der Kreis **Saargemünd** umfaßt die Cantone Bitsch, Rohrbach, Saargemünd, Wolmünster, und enthält auf

ca. 14,168 Quadratmeilen 11042 Wohnhäuser mit 63764 Einwohnern.

8. Der **Kreis Forbach** umfaßt die Cantone Forbach, Großtänchen, Saaralben, St. Avold und enthält auf ca. 12,480 Quadratmeilen 12519 Wohnhäuser mit 64150 Einwohnern.

Die oberste Verwaltungsbehörde in **Elsaß=Lothringen** ist der **Oberpräsident** mit dem Amtssitz in Straßburg. An der Spitze der Verwaltung jedes Bezirkes steht ein **Bezirkspräsident**. Der Bezirkspräsident des Unter=Elsaß hat seinen Amtssitz in Straßburg, der des Ober=Elsaß in Colmar, der von Lothringen in Metz.

Der Verwaltung jedes Kreises steht ein **Kreisdirektor** vor.

Gerichtsverfassung.
(Gesetz vom 14. Juli 1871.)

Elsaß=Lothringen besitzt 6 **Landgerichte** und zwar:
1) Das Landgericht   Metz   mit 15 Friedensgerichten,
2)   „   „   Saargemünd „   9   „
3)   „   „   Zabern   „ 10   „
4)   „   „   Straßburg   „ 12   „
5)   „   „   Colmar   „ 16   „
6)   „   „   Mülhausen   „ 12   „

Das **Appellationsgericht** befindet sich in Colmar.

Das **Reichs=Oberhandels=Gericht** zu Leipzig ist als oberste Gerichtsbehörde an die Stelle des Kassationshofes in Paris getreten.

Schwurgerichtsbezirke sind 3 und zwar:
Metz   für die Landgerichte Metz und Saargemünd.
Colmar   „   „   „   Colmar und Mülhausen.
Straßburg   „   „   „   Straßburg und Zabern.

Handelsgerichte bestehen in Metz, Straßburg, Colmar und Mülhausen.

Strafanstalten.

a) **Ober=Elsaß**: 1. Straf=Anstalt für Männer zu Ensisheim; 2. Bezirks=Gefängniß zu Colmar; 3. Bezirks=Gefängniß zu Mülhausen.

b) **Unter=Elsaß**: 1. Straf=Anstalt für Weiber zu Hagenau; 2. Bezirks=Gefängniß zu Straßburg.

c) **Lothringen:** Bezirks-Gefängniß zu Metz. **Cantonalgefängnisse** an den Sitzen der Friedensrichter.

Besserungsanstalt für jugendliche Verbrecher: Die Ackerbaukolonie Ostwald (südlich von Straßburg an der Ill.)

Sprachliche Verhältnisse.

(Verordnung des Kaiserl. Ober-Präsidenten von Elsaß-Lothringen vom 21. Juni 1872.)

Vom Gebrauch der deutschen Sprache als Geschäftssprache sind dispensirt die Gemeinden:

A. Im Bezirk Unter-Elsaß:

1) Im Kreise Molsheim sämmtliche Gemeinden des Cantons Schirmeck-Saales, mit Ausnahme von Natzweiler, sowie die Gemeinde Lützelhausen, Cantons Molsheim.
2) Im Kreise Schlettstadt:
   a) Canton Weiler: 1. Breitenau; 2. Fouchy (Grube); 3. Lalaye (Laach); 4. Steige; 5. Urbeis.
   b) Die dem Friedensgericht Schirmeck zugetheilten Gemeinden: 1. Belfosse; 2. Belmont; 3. Blancherupt (Bliensbach); 4. Foubay; 5. Solbach.

B. Im Bezirk Ober-Elsaß:

1) Im Kreise Rappoltsweiler:
   a) Canton Markirch: 1. Markirch; 2. St. Kreuz im Leberthal; 3. Leberau; 4. Deutsch-Rumbach; 5. Altweier (Aubure).
   b) Canton Schnierlach (La Poutroye): 1. Schnierlach; 2. Zell; 3. Urbis; 4. Diebolshausen (Bonhomme); 5. Urbach.
2) Im Kreise Altkirch:
   a) Canton Pfirt: 1. Courtavon (Ottendorf); 2. Levoncourt (Luffendorf); 3 Lucelle (Lützel).
   b) Canton Dammerkirch: 1. Bellemagny (Baronsweiler); 2. Bretten; 3. Chavannes-sur-l'étang (Schaffnatt am Weiher); 4. Eteimbes (Wälschensteinbach); 5. Lütran (Luttern); 6. Magny (Menglatt); 7. Montreux-jeune (Jungmünsterol); 8. Montreux-vieux (Altmünsterol); 9. Romagny (Willern); 10. St. Cosme (St. Cosman); 11. Valdieu (Gottesthal).

C. Im Bezirk Lothringen.

1) Stadt Metz.
2) Im Landkreis Metz: sämmtliche Gemeinden.
3) Kreis Saarburg:
   a) Sämmtliche Gemeinden der Cantone Lörchingen und Rixingen.
   b) Im Canton Finstingen: 1. Angweiler; 2. Bisping.
   c) Im Canton Saarburg: 1. Barchain; 2. Bebing; 3. Dianne-Capelle; 4. Hessen; 5. Imlingen; 6. Kerprich-aux-bois; 7. Rhodes; 8. Xouaxange (Schweixingen).

4) Im Kreise Forbach:
Canton Großtänchen: 1. Baronville (Baronweiler); 2. Brülange; 3. Destry; 4. Landorf; 5. Mörchingen; 6. Suisse-basse.
5) Im Kreise Château-Salins:
a) Sämmtliche Gemeinden der Cantone Château-Salins, Delme, Dieuze und Vic.
b) Im Canton Albesdorf: 1. Albesdorf; 2. Bensdorf; 3. Guinzeling; 4. Losdorf; 5. Marimont; 6. Molringen; 7. Montbibier; 8. Nebing; 9. Neuf-Village; 10. Torcheville; 11. Vahl.
6) Im Kreise Diedenhofen:
a) Im Canton Kattenhofen: 1. Aumetz; 2. Aubun-le-Tiche; 3. Brülange; 4. Fontoy; 5. Havange; 6. Lommerange; 7. Ottange (Oettingen); 8. Rochonvillers; 9. Tressange.
b) Im Canton Diedenhofen: 1. Diedenhofen; 2. Evrange (Ewringen); 3. Fameck; 4. Ganbrange; 5. Hayange; 6. Knutange; 7. Marspich; 8. Moyeuvre-grande; 9. Moyeuvre-petite; 10. Neufchef; 11. Nilvange; 12. Ranguevaux; 13. Richemont; 14. Rosselange; 15. Schrémange (Schremingen); 16. Uckange (Ueckingen); 17. Vitry.
c) Im Canton Metzerwiese: 1. Aboncourt; 2. Bettlainville (Bettendorf); 3. Bousse; 4. Illange (Illingen); 5. Luttange (Lüttingen); 6. Rurange; 7. Vollstroff (Wolsdorf).
7) Im Kreise Bolchen:
a) Im Canton Bolchen: 1. Bannay; 2. Bionville; 3. Condé-Northen; 4. Hinkange; 5. Varize.
b) Im Canton Busendorf: Saint-Bernard.
c) Im Canton Falkenberg: 1. Abaincourt; 2. Arraincourt; 3. Arriance; 4. Chémery; 5. Han an der Nied; 6. Hémilly; 7. Herny; 8. Holacourt; 9. Many; 10. Thicourt; 11. Thonville; 12. Vatimont; 13. Vittoncourt; 14. Voimhaut.

Wissenschaft und Unterricht.

Universität Straßburg, 1566 von Kaiser Maximilian II. als Akademie gegründet, 1621 von Ferdinand II. zur Universität erhoben, neu eröffnet am 1. Mai 1872.

Kaiserliche Lyceen: Straßburg, Colmar, Metz.

Collegien: Altkirch, Mülhausen, Thann, Gebweiler, Markirch, Münster, Schlettstadt, Oberehnheim, Barr, Zabern, Buchsweiler, Hagenau, Weißenburg, Pfalzburg, Saarburg, Dieuze, Château-Salins, Diedenhofen, Forbach, Saargemünd.

Gewerbeschule in Mülhausen.

Lehrerseminarien: Straßburg, Colmar, Metz.

Lehrerinnenseminarien: Straßburg, Schlettstadt.

Religion.

Katholiken: Die Bezirke Ober- und Unter-Elsaß gehören zu dem Bisthum Straßburg; die Kreise Saarburg und

Château-Salins zu dem Bisthum Nanzig, das übrige Lothringen zu dem Bisthum Metz. (Alle drei Bisthümer gehören zu dem Erzbisthum Besançon.)

Die Protestanten augsburger Confession haben ihr Direktorium und Ober=Consistorium in Straßburg (6 Inspektoren, 36 Consistorien, 188 Pfarreien).

Die reformirte Kirche hat Consistorien in Straßburg, Metz, Mülhausen, Markirch, Bischweiler (21 Pfarreien).

Die Israeliten besitzen 3 Consistorien (Straßburg, Colmar, Metz), 3 Ober=Rabbinate und 42 Rabbinate.

Anm. Genaue Angaben über die Seelenzahl der einzelnen Confessionen sind bis jetzt noch nicht zusammengestellt.

Industrie.

Auf dem Gebiete der Industrie nimmt das Reichsland bei dem Fleiße und der Energie der intelligenten und rührigen Bevölkerung einen hohen Rang ein. Man zählt 80 Usinen oder Hochöfen, 160 größere Spinnereien, 315 Tuchfabriken, Webereien u. dgl., 105 Porzellanfabriken, 20 Glasfabriken, 4 Salinen, 345 Bierbrauereien, wovon 50 allein auf Straßburg kommen, eine große Anzahl Gerbereien, Papiermühlen u. s. w.

Baumwollspinnereien und =Webereien: Man berechnete im Jahre 1865 den Werth des im Elsaß von den Spinnfabriken verbrauchten Rohstoffes auf etwa 100 und den Fabrikationswerth auf 175 Millionen Franken.

Die betr. Fabriken sind über das ganze Ober=Elsaß in mehr als 100 Ortschaften zerstreut mit den Hauptpunkten Wesserling, Thann, Mülhausen, Gebweiler, Münster, Colmar, Türkheim, Markirch, Leberau; im Unter=Elsaß: Rothau, Hüttenheim.

Wollspinnereien befinden sich in Anblau, Barr, Bischweiler, Gebweiler, Markirch, Mülhausen, Saaralben, Saar=Union, Saarwerden, Straßburg, Wasselnheim rc.

Tuchfabriken sind in Bischweiler, Bühl, Forbach, Flörchingen (Florange), Mülhausen, Pfaffenhofen, Ruprechtsau bei Straßburg.

Wollenwaaren (Strümpfe, Mützen rc.) werden verfertigt in Barr, Bischweiler, Gebweiler, Zabern, Straßburg, Wasselnheim.

Plüsch liefern Großblittersdorf bei Saargemünd, Saargemünd, Metz, Püttlingen, Bischweiler, Straßburg rc.

Handschuhe: Metz, Püttlingen, Bischweiler, Straßburg ꝛc.

Färbereien sind meistentheils mit den Baumwollwebereien verbunden, um die verschiedenartigsten prachtvollsten Stoffe zu erzeugen.

Eisenwerke befinden sich in: Ars und Novéant an der Mosel, Moyeuvre, Hayange, Oberhomburg, Freimengen (Freyming), Stieringen-Wendel, Niederbronn mit Umgebung (Reichshofen, Merzweiler, Zinsweiler, Jägerthal, Rauschendwasser, Mutterhausen), Romansweiler (bei Zabern), Dinsheim (an der Breusch), Lützel (Kreis Altkirch).

Maschinen werden gebaut (außer an den genannten Orten) in: Corny, Ueckingen (Uckange), Illkirch-Grafenstaden, Straßburg, Mülhausen, Gebweiler, Thann, Bitschweiler.

Quincaillerie liefert der Zornhof bei Monsweiler (Kreis Zabern) mit seinen Succursalen, Molsheim (mit den Succ. Greßweiler, Urmatt, Dinsheim, Klingenthal).

Waffenfabriken waren in Mutzig und Klingenthal.

Schneidwerkzeuge aller Art liefern Klingenthal, Colmar, Mülhausen, Rosheim, Zabern ꝛc.

Glockengießereien sind in: Metz, Saarburg, Straßburg.

Chemische Fabriken befinden sich in: Saaralben, Dieuze, Saarburg, Buchsweiler, Mülhausen, Straßburg, Thann, Wasselnheim.

Streichholzfabriken sind in: Saargemünd, Saaralben, Bitsch, Ingweiler (bei Buchsweiler), Straßburg ꝛc.

Stärkesiebereien und Kartoffelmehlfabriken sind hauptsächlich in der Umgegend von Straßburg.

Cichorienfabrik ist in Ell (bei Benfeld).

Trockenanstalten und Fabriken für Krapp sind hauptsächlich im Kreise Straßburg und Hagenau.

Glasfabriken sind in: Ueckingen, Michemont, Forbach, Vallerysthal (bei Saarburg), Neunkirch (Kreis Saargemünd), Wingen (an der Mober), Wildenstein.

Glasmalereien: Metz, Straßburg.

Fayencefabriken sind in: St. Avold, Forbach, Saargemünd, Saarburg, Straßburg, Hagenau, Mülhausen, Altkirch.

Papiermühlen sind in: Ars an der Mosel, Kaysersberg, Mutzig, Oberbronn, Reichshofen, Türkheim, Straßburg.

Tapetenfabriken sind in Montigny (bei Metz), Nixheim (Kreis Mülhausen), Straßburg, Schlettstadt.

Buchdruckereien hat jede bedeutende Stadt. Dosen und Schachteln liefern: Saargemünd, Großblittersdorf, Neunkirch. Strohhüte: Saaralben, Saar-Union, Saarwerden, Altweiler (Kreis Forbach), Ensisheim.

Bezirk Unter-Elsaß.

1. Stadtkreis Straßburg.

Straßburg, 5146 H., 85529 E., Hauptstadt des ganzen Reichslandes, Sitz des Kaiserlichen Ober-Präsidenten und des Bischofs, zugleich Hauptstadt von Unter-Elsaß, liegt an der Ill und Breusch, 3 Kilom. vom Rhein entfernt, etwa 150 M. über dem Meere. Die Stadt ist befestigt, besaß eine im 17. Jahrh. von Vauban erbaute Citadelle und hat 7 Thore (Weißenthurm-, Zaberner (Kronenburger-)-, Stein-, Juden-, Fischer-, Metzger- und Spitalthor). Detachirte Forts werden zunächst gebaut bei Reichstett, Suffelweyersheim, Niederhausbergen, Oberhausbergen, Wolfisheim, Lingolsheim, Illkirch-Grafenstaden; dazu 3 Forts auf badischem Gebiete. Die jetzige Stadt hat 2729 M. Länge, 1672 M. Breite und 6578 M. Umfang. Das Gebiet der Stadt reicht nördlich bis Wanzenau, östlich bis an den Rhein, südlich bis nach Eschau und Illkirch, westlich bis an die Gemeinden Ostwald, Lingolsheim, Eckbolsheim, Oberhausbergen und Schiltigheim. Unter den Annexen sind die bedeutendsten: Ruprechtsau, Waken, Neudorf, Königshofen. Oeffentliche Plätze: Kleber (Parade)-, Schloß-, Münster-, Broglie (Roßmarkt)-, Gutenbergs-, St. Thomasplatz. Kirchen: das Münster (kath.) steht an der Stelle, wo schon zu Römerzeit ein heidnischer Tempel existirt haben soll und von dem Frankenkönig Chlodwig I. 504 bereits eine christliche Kirche (Basilika) gebaut wurde. Im Jahre 1007 brannte dieses Gebäude ab, und 1015 legte Bischof Werner den Grundstein zu dem jetzigen Bau, der 1275 vollendet wurde. 1276 wurde von Bischof Konrad v. Lichtenberg der Grundstein zum Thurme gelegt nach dem Plane des Baumeisters Erwin von Steinbach († 1318); vollendet wurde derselbe 1439 durch Meister Hans Hültz aus Köln († 1449). Die Steine dazu stammen aus den Steinbrüchen bei Wasselnheim. Die frühere astronomische Uhr wurde nach dem Plane des Mathematikers Dasypodius von Isaak Habrecht ausgeführt 1575, die jetzige von dem Straßburger Mechaniker J. B. Schwilgué 1842 vollendet. Die St. Thomaskirche (protest.) wurde um 679 gegründet, 822 erneuert, brannte 1007 und 1144 ab und wurde im 13. und 14. Jahrh. wieder aufgebaut. Unter den Denkmälern in derselben ist das des Marschalls Moritz von Sachsen zu nennen, ferner diejenigen von Schöpflin († 1771), Oberlin († 1806), Koch († 1813). Die St. Stephanskirche (kathol.) wurde 717 von Herzog Adalbert von Elsaß gegründet. Die Neue Kirche (Temple-Neuf), 1254 als Dominikanerkirche erbaut und 1681 von Ludwig XIV. den Protestanten übergeben, ging bei der Beschießung der Stadt, in der Nacht vom 24. auf den 25. August 1870, in Flammen auf, zugleich mit den im Chore dieser Kirche aufgestellten Bibliotheken der Stadt und des protestantischen Seminars, sowie der städtischen Sammlung von Alterthümern. Zu erwähnen sind noch: die alte St. Peterskirche, die älteste Kirche der Stadt, gegründet im 4. Jahrh. (kathol. u. protest.); die Jung St. Peterskirche (kathol. und protest.); die St. Wilhelmskirche (protest.), gegründet 1300; die St. Nikolauskirche (prot.); die St. Magdalenenkirche (kath.); die St. Ludwigskirche (kathol.); die St. Johanneskirche (kathol.); die St. Aurelienkirche (protest.); die reformirte Kirche. — Oeffentliche Gebäude: Das Schloß, gegenüber der Südseite des Münsters an der Ill gelegen, wurde 1728—41 von Cardinal Rohan, Fürst-Bischof von Straßburg, erbaut. Es dient jetzt als provisorisches Hauptgebäude der am 1. Mai 1872 neugegründeten Universität und enthält zugleich die bedeutende neue Universitäts- und Landesbibliothek. Das Präfekturgebäude, 1730 auf dem ehemaligen jüdischen Begräbnißplatze (bekannt durch die Judenverbrennung von 1349) vom berüchtigten Prätor F. J. Klinglin erbaut, wurde bei der Belagerung zerstört und 1872 neu aufgebaut. Das Stadthaus, früher Darmstädter Hof, wurde 1737 vollendet. Das Theater, 1805—21 aufgeführt, durch das Bombardement fast gänzlich zerstört, ist 1872 neu aufgebaut worden. Das Justizgebäude, früher Mansfelder Hof, ist während der Belagerung gänzlich niedergebrannt. Das Akademiegebäude, ursprünglich ein Findelhaus, vereinigt seit 1825 mehrere Fakultäten und enthält die

vorzüglichen Sammlungen des **naturhistorischen Mu=
seums**. Das **Kaiserliche Lyceum**, in den Gebäuden des
alten Jesuitencollegiums unmittelbar am Münster, steht an der
Stelle des im Mittelalter „Zum Thiergarten" genannten Hauses,
in welchem Gutenberg 1439—1444 seine ersten Versuche in
der Buchdruckerkunst machte. Das **protestantische Gym=
nasium**, 1538 von Straßburg's berühmtem Stettmeister
Jakob Sturm von Sturmeck gegründet, 1860 fast gänzlich ab=
gebrannt, ist in den letzten Jahren neu aufgebaut worden.

Der Ursprung der Stadt gehört der vorgeschichtlichen Zeit an. Im
2. Jahrh. v. Chr. erscheint sie unter dem Namen **Argentoratum**
als Römerstation. Während der Völkerwanderung verschwindet der alte
Name, und im 6. Jahrh. tritt der jetzige „**Strataburgum**" auf,
„der Knotenpunkt der von Frankreich nach Deutschland und der den
Rhein entlang führenden Hauptstraßen" (Attila?). Unter der Franken=
herrschaft gründete der hl. Arbogast (Bischof von 673—78), beschenkt
von König Dagobert II., die weltliche Macht der Bischöfe von Straßburg.
Adalbert, Herzog von Elsaß, errichtete 718 Kirche und Kloster St. Ste=
phan und 721 den Palast von Königshofen. 790 baute man bereits
eine Stadtmauer. 842 leisteten Ludwig der Deutsche und Karl der
Kahle hier ihren Eid gegen Lothar. Durch den Vertrag von Mersen
(870) kam die Stadt zum deutschen Reiche, mit dem sie 925 definitiv
vereinigt wurde. Straßburg stand nun unter der unmittelbaren Herr=
schaft des Bischofs; aber schon gegen Ende des 9. Jahrhunderts begannen
die ersten Streitigkeiten zwischen diesem und den Bürgern. Im Laufe
der Zeit hatte die Stadt schon verschiedene Vorrechte von den deutschen
Kaisern erlangt, bis sie endlich **1201 freie deutsche Reichsstadt**
wurde. 1199 und 1228 wurde sie vergrößert (ebenso im 14. und 15.
Jahrh.). Walter v. Geroldseck, 1260 zum Bischof von Straßburg ernannt,
wollte der Stadt ihre Vorrechte rauben, wurde aber am 8. **März 1262
bei Oberhausbergen** von den Bürgern geschlagen, die von dem
nachmaligen Kaiser Rudolf von Habsburg geführt wurden. Im 14.
Jahrh. sind in der Stadt Streitigkeiten zwischen den Familien Zorn und
Mülnheim (Kampf am 20. Mai 1332). Ammeister Burkard Twinger
(† 1346). Schwarzer Tod, Judenverfolgung und neue städtische Ver=
fassung 1349. Die Stadt im Reichsbann wegen Bruno von Rappolts=
stein 1391. Juli 1414 besucht Kaiser Sigismund die Stadt. In
der ersten Hälfte des 15. Jahrh. ist die Stadt im Streite mit ihrem
Bischof Wilhelm v. Diest († 1439). 1436—44 Gutenberg in Straß=
burg. 1520 Reformation. Philipp v. Rumsperg, Wolfgang Köpflein oder
Capito (1478—1541), Martin Bucer (1491—1551), Pollio, Hedio
(1494—1552). 1532 tritt Straßburg dem schmalkaldischen Bunde bei.
1538 Gründung des Gymnasiums durch Jakob Sturm. Calvin in
Straßburg 1538—41. 1552 Heinrich II. von Frankreich vor der Stadt,
wird von den Bürgern nicht eingelassen. 1610 tritt Straßburg der
protestantischen Union bei, betheiligt sich jedoch nicht direkt am 30jähr.
Kriege und bleibt im westphälischen Frieden deutsch. In der Nacht vom
27. auf 28. Septbr. 1681 wird es verrätherischer Weise an Frankreich
ausgeliefert und verliert damit seine selbständige Geschichte. 1814 und

15. wurde die Stadt blokirt. 30. Okt. 1836 Aufstandsversuch des nachmaligen Kaisers Napoleon III. Belagerung und Beschießung der Stadt vom 19. August bis 28. September 1870.

Straßburg hat bedeutende Männer in jeder Richtung hervorgebracht. Es seien hier genannt:

Der Minnesänger Gottfried v. Straßburg um 1200 (Tristan und Isolde.)

Johannes Tauler (1300—1361), Mystiker.

Twinger v. Königshofen, Chronikschreiber 1346—1420.

Friedrich Closner, Chronikschreiber im 14. Jahrh.

Der Dichter Sebastian Brant 1458—1521. (Das Narrenschiff 1494)

Thomas Murner, Satiriker 1475—1536.

Jakob Sturm v. Sturmeck, Stettmeister 1489—1553.

Wolter (Micyllus), Philolog 1503—1558.

Daniel Speckle, Ingenieur 1536—1589.

Johann Georg Scherz, Jurist 1678—1754.

Grandidier, Geschichtschreiber 1752—87.

J. B. Kleber, General 1753—1800.

Jeremias Oberlin, Philolog und Geschichtsforscher 1735—1806.

J. F. Oberlin, Pfarrer (s. Steinthal).

J. Schweighäuser, Archeolog 1742—1830.

E. Stöber, Dichter 1779—1835.

Der Dichter Göthe hielt sich in Straßburg von April 1770 bis September 1771 auf, speiste Krämergasse 11 (Salzmann) und wohnte auf dem alten Fischmarkt 16.

2. Landkreis Straßburg.

Schiltigheim, 512 H., 4843 E., Dorf, Cantonshauptort, nördlich von Straßburg, Sommeraufenthalt und Vergnügungsort der Straßburger.

Zwischen Schiltigheim, Bischheim und Hönheim soll die Stelle sein, wo 357 der römische Kaiser Julian die Alemannen schlug.

Bischheim (eigentl. Bischofsheim), 424 H., 3828 E., Dorf. Hier wurde 1620 von Robert Königsmann der erste Tabak im Elsaß gepflanzt.

Kolbsheim, 130 H., 619 E., Dorf an der Breusch, dessen Doppelschloß 1261 von den Straßburgern verbrannt wurde. Das untere Schloß ist ganz verschwunden, das obere jetzt ein hübsches Landhaus.

Oberhausbergen, 108 H., 578 E., Dorf, bekannt durch den Sieg der Straßburger über den Bischof Walter v. Gerolbseck 1262, und die Schlacht vom 6. Juli 1815 zwischen den Franzosen und den Verbündeten.

Oberschäffolsheim, 197 H., und 1020 E., Dorf. Schlacht zwischen Friedrich dem Schönen von Oesterreich und Ludwig dem Bayer 1320.

Truchtersheim, 123 H., 674 E., Dorf, Cantons-hauptort, 15 Kilom. nordwestlich von Straßburg.

Der Kochersberg bei Neugartheim trägt die Ruinen eines Schlosses, das den Bischöfen von Straßburg gehörte. 1592 wurde es von Georg von Brandenburg erobert. (Michael Bürckel v. Rufach). 1677 Schlacht zwischen den Kaiserlichen und den Franzosen.

Die Gegend um den Kochersberg ist die bestangebaute des Elsaß (Kornkammer, grenier, des Elsaß).

Brumath, 755 H., 5603 E., Cantonshauptort, 16 Kilom. nördlich von Straßburg, Stadt an der linken Seite der Zorn.

Es war ursprünglich eine keltische Stadt, die schon den Römern unter dem Namen Brocomagus bekannt war, wurde von den Alemannen zerstört, gehörte später der Abtei Lorsch (in Hessen-Darmstadt), wurde 1336 von Ludwig dem Bayer zu dem Rang einer Stadt erhoben, war im 15. Jahrh. der Zankapfel zwischen den Grafen v. Lichtenberg und Leiningen, kam 1480 an die Grafen v. Hanau, wurde 1674 und 1694 verwüstet und war vor der Revolution im Besitz der Landgrafen von Hessen-Darmstadt.

Im Süden der Stadt liegt das Irrenhaus Stephansfeld, gegründet 1835.

Wanzenau (Wendelinsau), 431 H., 2361 E., Dorf an der Ill nahe der Einmündung in den Rhein.

Hochfelden, 465 H., 2392 E., Cantonshauptort an der Zorn,

ein altes Städtchen, das 968 von Kaiser Otto I. seiner Gemahlin Adelhaide geschenkt wurde. Es wurde 1388 von dem Pfalzgrafen Ruprecht erobert und kam 1632 an die Familie Ichtersheim als Lehn.

3. Kreis Erstein.

Erstein, 685 H., 3703 E., Marktflecken, Kreishauptort an der Ill,

bestand schon unter den Frankenkönigen. Kaiser Ludwig der Fromme gab es seinem Sohne Lothar, dessen Gemahlin Irmingard 830 hier ein Kloster der Benediktinerinnen stiftete, das bis in das 15. Jahrhundert existirte. Die Befestigungen Ersteins wurden 1333 von den Straßburgern zerstört.

Gerstheim, 297 H., 1592 E., Dorf am Rhein.

In der Nähe lag das Schloß Schwanau, das 1333 von den Straßburgern zerstört wurde. Walter v. Geroldseck. Sage von der Weibertreu.

Benfeld, 353 H., 2603 E., Städtchen, Cantonshauptort, 26 Kilom. südlich von Straßburg an der Ill, war ein altes Besitzthum der Bischöfe von Straßburg.

Der Bischof Wilhelm von Dieft verpfändete es 1394 an die Straßburger, die es befestigten. 1632 wurde es von den Schweden unter Gustav Horn erobert nach einer heldenmüthigen Vertheidigung des Kommandanten Zorn von Bulach. 1650 kam die Stadt an den Bischof zurück, und die Befestigungswerke wurden geschleift. In der Nähe befand sich die alte Römerstadt Helvetus (der Weiler Ell).

Ebersmünster, Novientum, 145 H., 819 E., Dorf. Hier befinden sich noch die Reste einer alten von dem elsäffischen Herzog Eticho im Jahre 667 gegründeten Abtei.

Geispolsheim, 470 H., 2295 E., Dorf, Cantonshauptort, 13 Kilom. südwestlich von Straßburg an der Ergers, war früher Städtchen und befestigt, wurde 1387 und 1610 verbrannt.

Enzheim, 137 H., 728 E., Dorf.
Schlacht am 4. Okt. 1674 zwischen den Franzosen unter Türenne und den Kaiserlichen unter den Herzog von Lothringen.

Illkirch (Illkirch-Grafenstaden), 599 H., 4758 E, Dorf an der Ill,
in dem am 30. Septbr. 1681 die Uebergabe Straßburgs an die Franzosen unterzeichnet wurde. Bedeutende Maschinenbau-Fabrik von Grafenstaden.

Oberehnheim, Obernai, 890 H., 4864 E., Cantonshauptstadt, 21 Kilom. südwestlich von Straßburg am Bache Ehn, eine alte Stadt, die in die gallisch-römische Periode zurückreicht, später Residenz der elsäffischen Herzöge (Eticho), zeitweiliger Aufenthalt der Hohenstaufen (Friedrich der Einäugige, Heinrich VI., Friedrich II.).
Unter Friedrich II. wurde O. eine **freie kaiserliche Reichsstadt**. O. widerstand den Armagnaken 1444, wurde 1622 von Mansfeld, 1632 von den Schweden, 1636 von Herzog Bernhard von Sachsen-Weimar erobert. Im westphälischen Frieden kam es an Frankreich. Es ist die Vaterstadt des Minnesängers Gösli (14. Jahrh.).

4. Kreis Hagenau.

Hagenau, 1350 H., 11331 E., Kreishauptstadt, 28 Kilom. nördlich von Straßburg, an der sich hier theilenden Moder, hat alte heutzutage unbrauchbare Befestigungsmauern mit 5 Thoren und einem Graben.
Bemerkenswerth in H. sind: Die St. Georg-Kirche, die von Kaiser Konrad III. (1138—52) gebaut worden sein soll und 2 Glocken aus dem 13. Jahrh hat; die St. Nikolaus-Kirche, die Friedrich Barbarossa 1164 baute; das Collegiumsgebäude, ein früheres Kloster des Maria-Verkündigungsordens (ordre de l'Annonciade); die Kornhalle.

H. verdankt seinen Ursprung einem Jagdschlosse, das Friedrich der Einäugige, Herzog von Schwaben, am Anfang des 12. Jahrhunderts auf einer Moderinsel erbaute, und um das sich die Stadt erhob. Sein Sohn, der deutsche Kaiser Friedrich I., verwandelte das Schloß in einen stattlichen Kaiserpalast, „ein gewaltiger Bau mit vier eckigen Thürmen, in „der Mitte ein fünfter, der stärkste und festeste, dessen Gipfel der Reichs-„adler zierte, weithin sichtbar auf dem dunkeln Hintergrunde des großen „Hagenauer Forstes. Ueber dem inneren Eingangsthor der Burg er=„hoben sich drei Kapellen, auf das beste verwahrt, wo der Rothbart die „Reichsinsignien aufbewahrte, zwei Schwerter, den goldnen Reichsapfel „mit dem Kreuz, den kaiserlichen Mantel, drei goldene Sporen, eine Albe „von weißem Sammet, zwei scharlachrothe Beinkleider und Schuhe mit „Edelsteinen". Diese Insignien blieben hier bis 1208. Im Jahre 1164 bekam H. durch Friedrich I. die reichsstädtische Freiheit. Seit 1354 war es der Sitz des kaiserlichen Landvogtes. Richard Löwenherz soll hier gefangen gesessen sein. H. trat 1247 in den rheinischen Städtebund, revoltirte 1285 gegen den kaiserlichen Landvogt Otto von Ochsenstein, unterwarf sich dann dem Kaiser Rudolf von Habsburg, der hier häufig großen Hof hielt, wurde heimgesucht 1439 von den Armagnaken, 1552 von den Truppen Heinrichs II. von Frankreich, fiel im 30jährigen Kriege nach einander in die Hände Mansfeld's (1621), des Erzherzog's Leopold (1632), Gustav Horn's (1633), der Franzosen, und kam so herunter, daß 1654 von 1300 Bürgern nur noch 250 übrig waren; wurde 1676 von Montecucoli belagert, den 10. Februar 1677 von den Franzosen unter Labrosse und den 16. September auf Befehl des Marschalls Créqui grauenhaft verwüstet, wobei auch der Kaiserpalast zu Grunde ging. Die ausgebrannte Ruine ließ De la Grange, der Intendant des Elsasses, im Jahre 1687 abbrechen und die Steine zum Bau von Fort Louis verwenden. Die Jesuiten errichteten an derselben Stelle ihr Collegium. 1705 u. 1744 war H. noch vorübergehend in den Händen der Oesterreicher, war jedoch schon 1648 an Frankreich abgetreten worden. Am 9. August 1870 wurde es von den badischen Dragonern ohne Widerstand genommen. — Ritter Reimar von Hagenau, Lyriker im 12. Jahrh. — Die Umgegend von H. ist bekannt durch die Cultur von Hopfen und Krapp.

Der **Hagenauer Forst** (forêt de Haguenau) wurde früher der Heilige Forst, silva sancta, genannt, wegen der Einsiedler, die sich hieher zurückgezogen hatten (St. Arbogast, Deobat).

Marienthal, Annex v. Hagenau, 4 Kilom. südlich von der Stadt, ist ein berühmter Wallfahrtsort.

Albrecht von Wangen gründete hier im 13. Jahrh. eine Einsiedelei, Burkard von Wangen baute 1225 eine Kirche, Albrecht von Wangen endlich errichtete hier ein Kloster 1257, welches 1789 säkularisirt wurde.

Bischweiler, Episcopi villa, 1311 H., 9231 E., Stadt, Cantonshauptort, 24 Kilom. nördlich von Straßburg, an der Moder, bekannt durch seine Tuchfabrikation.

Es entstand aus einem Meierhof, den die Bischöfe von Straßburg hier besaßen. Dasselbe vergrößerte sich unter verschiedenen Herren allmälig und führte 1525 die Reformation ein. Am Anfang des 17. Jahrh. kam es an die Herzöge von Zweybrücken, unter denen sich 1618 eine Kolonie französischer Calvinisten (Fabrikanten und Handelsleute) ansiedelte. Herzog Friedrich von Zweybrücken gab die Herrschaft B. im Jahre 1640 an den Pfalzgrafen Christian I. von Birkenfeld, der hier seine Residenz aufschlug, und unter welchem die Stadt emporblühte. 1637 wurde sie befestigt, 1705 fiel sie in die Hände der Kaiserlichen, 1706 in die der Franzosen. Als die Grafen von Birkenfeld Herzöge von Zweybrücken geworden waren, wurde B. diesem Staate einverleibt (1734). Von 1686—1789 das alljährige Musikantenfest (Pfeifertag) am 15. Aug.

Fort-Louis, 61 H., 235 E., auf einer Rheininsel, verdankt seine Entstehung der Befestigung, die Ludwig XIV. durch Vauban im Jahre 1688 hier anlegen ließ, und war in kurzer Zeit bis auf 4000 E. gewachsen.

Durch den Vertrag von Ryswijk (1697) und Rastatt (1714) wurde die Zerstörung der gegen Deutschland liegenden Befestigungswerke stipulirt, nachdem die Festung 1706 von Markgraf Ludwig von Baden 6 Monate lang belagert worden war. 1793 wurde sie von den Oesterreichern eingenommen und zerstört.

Sesenheim, 188 H., 935 E., Dorf. Göthe's Besuche in S. bei Pfarrer Brion 1771.

Königsbrück (Regis pons), in der Nähe des Dorfes Leutenheim, die Ruinen eines Klosters der Bernhardinerinnen, das von Friedrich dem Einäugigen im 12. Jahrh. gestiftet, 1525 von den Bauern geplündert, in der französischen Revolution aufgehoben wurde. Die Nonnen zogen sich nach dem von hier aus gegründeten Kloster Lichtenthal bei Baden zurück.

Niederbronn, 567 H., 3172 E., Städtchen, Cantonshauptort, am Falkenstein-Bache, bekannt als Badeort und wegen seiner großartigen Eisenwerke, die in der ganzen Umgegend zerstreut liegen.

Nach den vielen Funden und Ausgrabungen war das Bad schon den Römern bekannt und von ihnen benützt. Vermuthlich wurden ihre Anlagen in der Völkerwanderung zerstört. Im 14. Jahrh. gehörte N. den Landgrafen von Elsaß und kam 1570 an die Grafen von Hanau. 1592 ließ Graf Philipp von Hanau den Anfang zu den neueren Anlagen machen. 1764 kam N. an den Baron von Dietrich.

In der Nähe des Ortes finden sich die Ruinen der Schlösser Alt- und Neu-Windstein, Wasenburg (Göthe's Schilderung), Hohenfels, Schöneck, Wineck, Wittschloß.

Am 26. Juli 1870 Gefecht zwischen einer badischen Reiterpatrouille und Franzosen in der Nähe von N.

Oberbronn, 292 H., 1341 E., Marktflecken, südlich von Niederbronn, ehemaliger Hauptort einer Herrschaft, die den Herrn von Ochsenstein und Born gehörte, wurde im 14. Jahrh. an die Grafen von Lichtenberg verkauft und fiel 1551 an die

Grafen von Leiningen-Westerburg. Das Schloß datirt aus dem 16. Jahrhundert.

Reichshofen, 457 H., 2864 E., Marktflecken, am Fallensteinbach und Schwarzbach, gehörte im 15. Jahrh. den Herzögen von Lothringen, kam 1232 an die Bischöfe von Straßburg, dann an die Familie Ochsenstein. Am 5. Juli 1451 war hier eine Schlacht zwischen den Lichtenberg und den Leiningen. 1492 kam R. an die Grafen von Bitsch, dann an die Bischöfe von Straßburg. 1664 verkaufte es Bischof Egon von Fürstenberg an Herzog Karl IV. von Lothringen. Von den Herzögen von Lothringen kam es 1761 an Johann von Dietrich, Ammeister von Straßburg. 6. August 1870 verzweifelter Reiterangriff zweier franz. Kürassier-Regimenter der Brigade Michel.

5. Kreis Molsheim.

Molsheim, 493 H., 3222 E. Kreishauptstadt, 21 Kilom. westlich von Straßburg am Fuße der Vogesen und an der Breusch.

Die Stadt wurde 1308 durch Kaiser Heinrich VII. förmlich den Bischöfen von Straßburg abgetreten, 1318 von Bischof Johann I. erweitert. 1580 gründeten die Jesuiten hier eine Schule, die Bischof Leopold von Oesterreich 1618 in eine Akademie verwandelte und Ludwig XIV. 1701 nach Straßburg verpflanzte, während in M. nur ein Collegium blieb. Die Stadtkirche wurde von dem Bischof Johann von Manderscheid erbaut. — Berühmter Wein (Finkenwein).

Altdorf, 197 H., 913 E., Dorf an einem Arme der Breusch. Die Dorfkirche ist der Rest einer berühmten Benediktinerabtei, die 960 von Hugo III., Grafen des Nordgaus gegründet wurde und Münzrecht hatte.

Avolsheim, 144 H., 679 E., Dorf am Breuschkanal, hat die älteste Kirche des Elsasses, Dompeter (domus Petri) genannt.

Dachstein, 121 H., 579 E., Dorf an der Breusch, ehemalige Festung, die 1214 von Bischof Heinrich von Straßburg gebaut, 1262 von den Straßburgern verbrannt, 1439 von den Armagnaken heimgesucht, 1592 von den Straßburgern erobert, im 30jährigen Kriege nach einander von den Lothringern, Schweden und Kaiserlichen besetzt und 1675 von Türenne erobert wurde. Die Festungswerke sind jetzt zerstört.

Mutzig, 592 H., 2822 E., Stadt an der Breusch in weinreicher Gegend, mit einer Kirche aus dem 11. Jahrh. M. wurde von Rudolph von Habsburg mit Mauern umgeben, kam 1308 an die Bischöfe von Straßburg, wurde 1444 von den Armagnaken verwüstet, gehörte von 1506—1666 der Familie Landsperg und kam dann an das Bisthum Straßburg zurück. — Bisher Waffenfabriken.

Sulz-Bad (Soultz-les-Bains), 179 H., 814 E., Marktflecken an der Mossig mit einer Mineralquelle.

Wolxheim, 237 H., 1052 E., Dorf am Breuschkanal, bekannt durch seinen trefflichen Wein (Altenberger).

Niederhaslach, 202 H., 1000 E., Dorf im Haslachthal, verdankt seinen Ursprung dem Kloster, das der hl. Florentius 674 hier gründete, und das von den Schweden 1633 arg heimgesucht wurde.

Oberhaslach, 214 H., 1064 E., bildete mit dem vorigen früher ein Dorf. In der Nähe dieser Dörfer sind die Ruinen der Burg **Ringelstein** (1470 zerstört), **Hohenstein** (1334 zerstört) und **Nibeck**, die um 1448 dem Andreas Wirich gehörte (Sage von den Riesen. Wasserfall).

Rosheim, 622 H., 3724 E., Cantonshauptort, Städtchen am Rosenmeer, 25 Kilom. südwestlich von Straßburg, hat eine berühmte romanische Kirche aus dem 11. Jahrh.

Die Stadt wurde verwüstet 1132, 1385, 1444, hauptsächlich aber 1622 durch Mansfeld.

Börsch, 374 H., 1632 E., Städtchen an der Ehn, die das **Klingenthal** (vallée des lames) durchfließt, welches den Namen von der 1730 hier gegründeten Waffenfabrikation hat.

Der **St. Ottilienberg** oder die **Hohenburg** (montagne de St. Odile), 25 Kilom. südwestlich von Straßburg, 700 M. über dem Meere, ist der berühmteste Berg des ganzen Elsasses. Auf ihm steht das von der hl. Ottilie, der Tochter des elsässischen Herzogs Eticho, gegründete Kloster.

Unter den Aebtissinen ist Herrad von Landsperg zu nennen, 1167—1195 (Hortus deliciarum). Das Kloster wurde vielfach durch Feuersbrünste heimgesucht, in der franz. Revolution verkauft, 1853 neu errichtet.

Auf der Hochebene des Ottilienberges liegt die sog. **Heidenmauer** (Mur-des-Païens), die sich bis zum Männelstein erstreckt und keltischen oder römischen Ursprungs ist. In der Nähe sind die Ruinen der Schlösser **Lützelburg, Rathsamhausen, Hagelschloß, Dreistein, Birkenfels, Ragenstein**.

Wasselnheim (Wasselonne), 744 H., 4080 E., Cantonshauptort, Städtchen, 25 Kilom. westlich von Straßburg, an der Mossig (**Kronthal**).

Die Stadt gehörte im Mittelalter den Bischöfen von Straßburg, seit 1496 der Stadt Straßburg, wurde 1674 von Türenne eingenommen. Die Steinbrüche in der Nähe lieferten das Material zu dem Straßburger Münster.

Kirchheim, 101 H, 419 E. u. Marlenheim, 385 H., 1641 E., zwei Dörfer, in denen merovingische Schlösser standen, und wohin die Sage Tronia, die Heimat Hagen's des Nibelungenhelden, verlegt. In der Nähe die Ruinen des Schlosses Kronenburg, von dem ein Straßburger Thor seinen Namen bekommen hat.

Wangen, 165 H., 774 E., Dorf südlich von Wasselnheim, bekannt wegen seines guten Weines.

Wangenburg, 38 H., 172 E., im obern Mossigthal, beliebter Sommeraufenthaltsort. Ruinen des Schlosses der Familie von Freudeneck.

Schirmeck, 263 H., 1364 E, Hauptort des Cantons Schirmeck-Saales an der Breusch am Eingange des Thales Grandefontaine, zusammenhängend mit Vorbruck (La Broque), 448 H., 2589 E. Auf der Höhe die Trümmer des gleichnamigen Schlosses, das 1336 sammt Umgegend an die Grafen v. Salm von dem Bischof von Straßburg abgetreten wurde.

Rothau, 201 H., 1500 E, Dorf an der Breusch, an der Mündung des Rothaine-Thales. Auf der Höhe die Ruinen des Stammschlosses der Grafen Salm.

Unter Steinthal (Ban-de-la-Roche) versteht man die Gegend zwischen dem Hochfeld (Champ-du-Feu), dem Weilerthal, dem Breuschthal und dem Rothaine-Thal mit 8 Ortschaften: Bellefosse, Belmont, Foubay, Solbach, Neuweiler, Rothau, Waldersbach und Wildersbach. Es hat seinen Namen von dem Schlosse, das über Bellefosse stand und 1471 zerstört wurde.

Es gehörte ursprünglich als kaiserliches Lehen der Familie von Rathsamhausen, seit 1584 den Fürsten von Veldenz. Um die arme Gegend hat sich unsterbliches Verdienst erworben Johann Friedrich Oberlin (1740—1826), der 1767 protestantischer Pfarrer zu Waldersbach wurde und hier Ackerbau und Industrie schuf und förderte. Der größte Theil des Steinthales mit einem Theile des Schirmecker Thales gehörte von 1793—1871 zum franz. Departement Vosges.

6. Kreis Schlettstadt.

Schlettstadt, 1019 H., 9300 E., Kreishauptstadt an der Ill, 45 Kilom. südwestlich von Straßburg, ist eine sehr alte Stadt, die unter dem Namen Sclatistat schon zur Zeit der Karolinger vorkommt.

Karl d. Gr. besaß hier eine Pfalz. 1216 wurde die Stadt mit Mauern umgeben, stand auf Seite der Hohenstaufen und wurde freie deutsche

Reichsstabt. Im Jahre 1387 kam sie unter Karl IV. wegen Judenverfolgungen in den Reichsbann, besaß im 15. und 16. Jahrh. eine berühmte Gelehrtenschule, aus der Männer wie Jakob Wimpheling (1449—1528), Humanist und energischer Vertheidiger des Deutschthums, Jakob Spiegel, Johann Sapidus, Beatus Rhenanus (1485—1547) hervorgingen. Im 30jährigen Kriege wurde die Stadt am 12. Dezbr. 1632 von den Schweden erobert und am 12. Okt. 1634 von diesen an die Franzosen ausgeliefert. Letztere wurden von den Bürgern durchaus nicht freundlich aufgenommen (Graf d'Hocquincourt). Ludwig XIV. ließ ihre Festungswerke aus Aerger über ihre deutsche Gesinnung niederreißen (1673), aber 1676 durch Vauban neu aufführen. 1814 wurde die Stadt von den Bayern unter Graf Pappenheim, 1815 von den Oesterreichern belagert. Am 24. Okt. 1870 ergab sie sich nach einer 24stündigen Beschießung. Die Festungswerke werden geschleift. An Sehenswürdigkeiten enthält die Stadt die Kirche St. Foi aus dem 11. und die Kirche St. Georg aus dem 13.—16. Jahrh.

Kestenholz, Châtenois, 525 H., 3870 E., Städtchen am Fuße des Hahnenbergs mit Mineralquellen.

Scherweiler, 472 H., 2733 E., Dorf. Niederlage der aufständischen Bauern am 25. März 1525. Hinter Sch. liegen auf den Bergen die Ruinen der Schlößer Ortenburg und Ramstein.

Kinzheim, 263 H., 1519 E., Dorf mit Schloß Kinzheim, ehemalige Besitzung Karl's des Großen. (Sclastistati palatium publicum.)

In der Nähe auf dem Berge die Ruine Hohkönigsburg (noch im Niederelsaß) die größte im Rheinthal nach dem Heidelberger Schlosse, die berühmteste der Vogesen (1633 von den Schweden zerstört).

Weiler, Villé, 183 H., 1143 E., Cantonshauptstadt, 17 Kilom. nordwestlich von Schlettstadt im Weiler= (ehemals Albrechts=)thal, war früher befestigt, wurde 1349 von der Pest, 1439—44 von den Armagnaken heimgesucht, am 26. Mai 1525 von Herzog Anton von Lothringen verwüstet, weil hier der Bauernführer Ittel Jörg von Roßheim Unterstützung gefunden hatte, 1632 und 33 von den Schweden besetzt.

Gereuth, Neubois, 123 H., 725 E., Dorf im Weilerthal. Auf dem Berge die Ruinen der Frankenburg (Grither=Schloß).

St. Petersholz (Saint-Pierre-Bois), 90 H., 470 E., und Hohwart verdanken ihren Ursprung zweien im 7. Jahrh. hier gegründeten Klöstern.

Urbeis, 772 H., 5156 E., Dorf in Mitten hoher Berge, am Fuße des Climont im Urbeisthale mit den Ruinen des Schlosses Bilstein (Johann Marx).

Barr, 691 H., 5651 E., Cantonshauptstadt an der Kirneck, 16 Kilom. von Schlettstadt und 30 Kilom. v. Straßburg. Lebhafte Industrie, namentlich Gerbereien. In der Nähe Mineralquellen, besonders bei Bühl.

Anblau, 397 H., 2024 E., Städtchen im Thale und am Bache desselben Namens (früher Eleon), verdankt seinen Ursprung einer im 9. Jahrh. von der hl. Richardis, Gemahlin Karl's des Dicken, hier gestifteten Abtei. Allmälig entstand darum eine Stadt, die ein Lehen der Familie Anblau wurde (1361), welche auf Hoh=Anblau ihr Schloß hatte. 3 Kilom. von Letzterem sind die Ruinen von Spesburg oder Spesberg.

Dambach, 625 H, 3225 E., Städtchen. In der Nähe die Ruinen des Schlosses Bernstein (Bärenstein).

Mittelbergheim, 215 H., 953 E., Dorf, bekannt durch trefflichen Wein. In der Nähe die Ruinen des Schlosses der Familie Bergheim und der Burg Krax.

Markolsheim, 393 H., 2394 E., Cantonshauptstadt, 4 Kilom. südöstlich von Schlettstadt am Rhone=Rhein=Kanal, hat ein von dem Bischof von Straßburg im Jahre 1472 gestiftetes Hospiz. Die Stadt war seit 1294 Mittelpunkt eines den Bischöfen von Straßburg gehörenden Amtes.

7. Kreis Weißenburg.

Weißenburg, 718 H., 5885 E., Kreishauptstadt an der Lauter, die hier die Grenze gegen Rheinbayern bildet. Der Name Kron=W. soll von dem Kronleuchter in der Collegiatkirche kommen. Sonst führt die Stadt auch den Namen W. am Rhein. In ihr sind zu bemerken: Die Peter= und Paulskirche aus dem 13. Jahrh., die protestantische St. Johanneskirche, ein Haus des Ordens der Deutschherrn (Deutschhaus) und eines der Johanniter (zu den Eichen). Die Stadt hat 3 Thore: Das Landauer, Hagenauer und Bitscher. Ihre Befestigungen stammten aus dem Jahre 1746.

W verdankt seinen Ursprung einer im 7. Jahrh. gegründeten Benediktinerabtei, welcher Dagobert III. (712) einen großen Grundbesitz schenkte. Die Schule, die mit dem Kloster verbunden war, gehörte zu den berühmtesten Deutschlands. Hier dichtete der Mönch Otfried seine Evangelienharmonie „Christ", die er 868 dem Könige Ludwig dem Deutschen widmete. Im Jahre 1524 wurde die Abtei säkularisirt und dem Bischof von Speyer zugewiesen. Der Name der Stadt W. kommt zum ersten Male 1247 vor, wo sie dem rheinischen Städtebund beitritt. Sie war eine der 10 elsässischen freien deutschen Reichsstädte und erhielt als solche Privilegien von Rudolf I. (1275), Albrecht I., Heinrich VII., Ludwig dem Bayer, Karl IV. (1347 u. 58). In den Jahren 1460—71 hatte die Stadt einen Krieg mit dem Pfalzgrafen Friedrich dem Siegreichen. Die Reformation wurde eingeführt durch Heinrich Motherer, Pfarrer von St Johann, und seinen Vikar Johann Merkel (1522). Die Kurfürsten von Trier und der Pfalz belagerten in Folge dessen die Stadt im Jahre 1523. Bauernaufstand 1525, unterdrückt durch den Kurfürsten von der Pfalz. Während des 30jährigen Krieges war W. so heruntergekommen, daß es 1648 nur noch 140 Einwohner zählte. Im Jahre 1677 während der Kriege Ludwigs XIV. wurde es von den Franzosen unter Labrosse eingenommen, geplündert und verbrannt sammt Archiven und Kirchen. Im Jahre 1705 wurde es von den Spaniern und dann von den Franzosen unter dem Marschall Villars besetzt, der die berühmten weißenburger Linien (lignes de la Lutter ou de Wissembourg) errichten ließ. Sie begannen am Berge Scherhohl (Pigeonnier) südwestlich von W., und zogen sich als eine fortlaufende Reihe von Gräben, Wällen und Schanzen bis Lauterburg. Sie waren noch oft der Schauplatz blutiger Gefechte. Am 13. Okt. 1793 wurden sie von den Oesterreichern unter Jellachich den Franzosen, und am 25. Dezbr. von den letzteren unter Hoche den Oesterreichern wieder genommen. 1720—24 lebte in W. Stanislaus Leszczinski, der vertriebene König von Polen und nachmalige Herzog von Lothringen. Von 1816—18 war W. von den Würtembergern besetzt. 4. August 1870 Erstürmung Weißenburgs und des Gelsberges durch die Preußen und Bayern.

Kleeburg, 142 H., 639 E., Dorf südlich von Weißenburg, gehörte sammt 10 anderen Dörfern von 1654—1718 den Schweden (Schwedenbauern) und kam dann an das Herzogthum Zweybrücken.

Geburtsort des verst. Heidelberger Professors der Geschichte Ludwig Häusser (26. Okt. 1718—17. März 1867).

Lembach, 291 H., 1479 E., Dorf am Sauerbach, bestand bis 1789 aus zwei Theilen, der Burg, die den Herrn von Fleckenstein und dann dem Fürsten Rohan=Soubise, und dem Dorfs, das den Herrn von Fleckenstein und den Herrn von Bitzthum gehörte.

Nördlich davon sind die Ruinen des Schlosses Flecken= stein (aus dem 13. Jahrh.), Frönsburg oder Frunds= berg (zerstört im 14. Jahrh. durch Johann von Lichtenberg), Wasenstein (früher Waskenstein, Schauplatz des Kampfes im Waltherliede. Die Familie Wasenstein starb im 15. Jahrh. aus, und ihre Besitzungen fielen an die Grafen v. Hanau) und Hohenburg (bis zur Revolution der Familie Sickingen gehörig).

Lauterburg, 355 H., 1913 E., Cantonshauptort, Städtchen an der Lauter, 4 Kilom. von deren Mündung und 21 Kilom. östlich von Weißenburg.

L. war eine Römerstation. Als Stadt stand es unter den Grafen von Lauterburg, deren letzter in der Schlacht fiel 1234 als Parteigänger Heinrich's von Hohenstaufen gegen dessen Vater Friedrich II. Die Stadt kam dann als Lehn an die Bischöfe von Speyer, trat in den rheinischen Städtebund, empörte sich 1286 gegen den deutschen Kaiser Rudolf von Habsburg, der sie belagerte und eroberte. Im 30jährigen Kriege wurde sie 1632 und 33 verwüstet, 1676 von den Oesterreichern besetzt, 1678 von den Franzosen verbrannt und zerstört. Während des spanischen Erbfolgekrieges fiel sie 1701 in die Hände der Oesterreicher, 1706 in die der Franzosen. 1744 eroberte sie der österr. General Karl von Lothringen, 1793 nach einander die Oesterreicher und Franzosen. 1814 u. 15 war sie ebenfalls von den Alliirten besetzt.

Selz, 395 H., 1757 E., Städtchen, Cantonshauptort an der Mündung des Selzbach in den Rhein, 34 Kilom. südöstlich von Straßburg.

Die Stadt war unter dem Namen Saletio schon Römerstation, und der Selzbach Grenzlinie zwischen den Nemeter und Triboker. Die fränkischen Könige hatten hier ein Lustschloß. Im Jahre 968 gab der deutsche Kaiser Otto I. die Stadt seiner Gattin Adelhaide, die hier ein Kloster gründete. Die Straßburger verbrannten die Stadt 1258. Der Kaiser Ruprecht von der Pfalz gab (1409) dieselbe seinem Sohne Ludwig, und so verblieb sie bei der Pfalz bis zur französischen Revolution. Im Jahre 1674 wurde sie von den Franzosen größtentheils niedergebrannt.

Sulz unterm Wald (Soultz-sous-Forêts), 263 H, 1562 E., Cantonshauptort, 14 Kilom. südlich von Weißenburg, hat eine Salzquelle, die man 2 Jahrhunderte lang ausbeutete, jetzt aber unbenützt läßt.

Die Stadt existirte schon im 14. Jahrh., gehörte zu der Herrschaft Fleckenstein bis 1720 und kam dann an die Fürsten Rohan-Soubise, deren Eigenthum sie bis zur franz. Revolution war.

Schwabweiler, 91 H., 496 E., Dorf an der Sauer, besitzt Eisenminen und jetzt wieder mit Erfolg ausgebeutete Petroleumsquellen.

Walburg, 100 H., 538 E., Dorf an der Eisenbahn v. Weißenburg nach Hagenau,
verdankt seinen Ursprung einer im Jahre 1074 von Dietrich von Mömpelgard hier gegründeten Benediktinerabtei. Sie wurde im Bauernkrieg 1525 verwüstet, 1544 der Abtei von Weißenburg einverleibt, und 1685 wurden die Güter dem bischöflichen Seminar in Straßburg übergeben.

Wörth, 189 H., 1071 E., Marktflecken an der Sauer, Cantonshauptort, gehörte früher zur Herrschaft Hanau-Lichtenberg.

Bernhard Herzog, Verfasser einer Chronik von Unter-Elsaß, war hier Amtmann. Im Jahre 1577 wurde hier ein römischer Altar ausgegraben. 6. August 1870 Schlacht bei Gunstett, Wörth, Fröschweiler, Reichshofen.

8. Kreis Zabern.

Zabern (Saverne), auch Elsaß=Zabern genannt (zum Unterschied von Bergzabern und Rheinzabern in Rheinbayern), 640 H., 5895 E., Kreishauptstadt an der Zorn und dem Marne=Rhein=Kanal, 40 Kilom. nordwestlich von Straßburg, bestand früher aus 3 Theilen (Alt= oder Oberstadt, Mittelstadt und Kleinstadt), war befestigt und soll soviele Thürme gehabt haben, als Wochen im Jahre, und so viele Zinnen als Tage im Jahre (Z. ist nach dem Kalender gebaut).

Z. ist eine sehr alte Stadt, die schon zur Römerzeit Tabernae oder Tres Tabernae hieß. Sie wurde 355 von den Alemannen zerstört, 357 von Julian Apostata wieder aufgebaut, 407 von neuem zerstört, 923 von Kaiser Heinrich I. besetzt u. von Bischof Wigerich von Metz belagert und erobert. Die Stadt gehörte dann zum Herzogthum Schwaben, kam aber allmälig in die Hände der Bischöfe von Straßburg (definitiv seit 1236 mit dem Bischof Berthold). 1525 war hier das große Bauernschlachten unter Herzog Anton von Lothringen. 1622 belagerte Ernst von Mansfeld die Stadt, 1635 eroberten sie die Kaiserlichen, 1636 wurde sie von Herzog Bernhard von Sachsen=Weimar belagert. 1674 besetzte sie Turenne, 1675 belagerte sie Montecucoli, 1676 der österr. General Herzog Karl von Lothringen, 1677 wurden die Befestigungen auf Louvois' Befehl niedergerissen; 1744 wurde sie noch ein Mal von den Oesterreichern besetzt. Das Schloß wurde 1670 von Bischof Egon gebaut, und als 1779 der größte Theil davon abbrannte, ließ es der Kardinal Ludwig von Rohan wieder aufbauen und bewohnte dasselbe bis zur französischen Revolution. Nachdem es nun vielfach als Kaserne gedient hatte, ließ es Kaiser Napoleon III. 1852 den Wittwen höherer Staatsbeamten zum Aufenthalte anweisen. Die Stadtkirche stammt zum größten Theil aus dem 14. Jahrh.

Die berühmte Zaberner Steige (Göthe's Beschreibung) wurde von 1728—1737 gebaut unter Leitung v. Régemorte. Zur Seite davon der Felsen Karlssprung. Die Ruinen des Schlosses Greifenstein und die St. Veitskapelle, eine natürliche Höhle, liegen westlich v. Z. Im Süden befinden sich die Ruinen von Hoh=Barr.

Dieses Schloß wurde 1170 von Bischof Rudolf von Straßburg erbaut auf einem Berge, der früher zur Abtei Maursmünster gehört hatte. 1583 wurde es von Bischof Johann von Manderscheid erneuert und 1650 zerstört.

Eine halbe Stunde davon liegen die Ruinen von Groß= und Klein=Gerolds eck, zwei Schlösser, die dem mächtigen Geschlechte dieses Namens gehört hatten, das 1390 erlosch.

St. Johann (St. Jean-des-Choux), 155 H., 787 E., Dorf, nördlich v. Zabern, verdankt seinen Ursprung einem Kloster der Benediktinerinnen, das 1126 hier gebaut wurde und bis zur franz. Revolution blühte. Die Kirche ist eine der ältesten des ganzen Elsasses und im romanischen Stile gebaut. — Am Berge dabei ist die St. Michaelskapelle.

Lupstein, 120 H., 594 E., Dorf östlich von Zabern. Schlacht im Bauernkriege 1525.

Maursmünster (Marmoutier), 476 H., 2236 E., Städtchen und Cantonshauptort, südlich von Zabern,

verdankt seinen Ursprung dem ältesten Kloster des Elsasses, welches zuerst Leobardi Cella nach dem hl. Leobard, dem ersten Abte (600) genannt und um 724 von dem hl. Maurus (Mauri Monasterium) erneuert wurde. Die Stadt selbst führte auch den Namen Aquileja. Die Herrn von Geroldseck waren die Schutzherrn dieses Klosters.

Reinhardsmünster, 122 H., 540 E., Dorf, hat seinen Namen von dem Grafen Reinhard von Hanau, der es 1616 erbauen ließ.

In die Nähe desselben wird fälschlich der Eisenhammer verlegt, den Schiller in seinem Gedichte „Der Gang nach dem Eisenhammer" erwähnt.

Ebenfalls in der Nachbarschaft befinden sich die Ruinen des Schlosses Ochsenstein, Sitz der gleichnamigen im Mittelalter berühmten Familie, die bis in's 12. Jahrh. zurückreicht.

Otto II. von Ochsenstein war Schwager des Kaisers Rudolf von Habsburg und bekam von diesem 1278 das Dorf Hochfelden. Sein Sohn Otto III. war Landvogt von Breisgau und Elsaß und starb in der Schlacht von Göllheim 1298, fechtend für Albrecht von Oesterreich. Die Familie erlosch im Jahre 1485 mit Georg von Ochsenstein, Parteigänger der Leiningen im Kampfe mit den Lichtenberg (s. Reichshofen).

Buchsweiler, 497 H., 3371 E., Cantonshauptort, Stadt nordwestlich von Zabern am Fuße des Bastberges. Braunkohlen-Bergwerk, verbunden mit chemischer Fabrik für Alaun und Eisenvitriol.

B. geht in die römische Zeit zurück, wurde von Ludwig dem Bayer (1314—47) zu dem Range einer Stadt erhoben, gehörte als Lehen der Bischöfe von Metz den Herrn von Lichtenberg, nach deren Erlöschen 1480 den Grafen von Hanau und nach deren Aussterben 1736 den Fürsten von Hessen-Darmstadt bis 1789. Im Jahre 1376 wurde hier Johann von Werd, der letzte Landgraf von Unter-Elsaß, begraben. 1793 Schlacht zwischen den Oesterreichern und Franzosen. Das Collegium wurde 1612 gegründet (Göthe's Schilderung von B.).

Pfaffenhofen, 271 H., 1459 E., Dorf an der Moder, nordöstlich von Buchsweiler,

gehörte nach einander der Familie Ochsenstein, Lichtenberg, Hanau-Lichtenberg. 1525 war es Hauptquartier der aufrührerischen Bauern, wurde 1569 von den Truppen des Herzogs von Zweybrücken geplündert, 1631 von den Straßburgern erobert. 1633 Schlacht zwischen den Lothringern und Schweden.

Lützelstein (La Petite-Pierre), 191 H., 1025 E., Cantonshauptort, Städtchen, 24 Kilom. nördlich von Zabern, ehemalige Festung, die aus dem 8. Jahrh. stammte. Der Berg führte den Namen Altenburg.

Die Grafen von Lützelstein starben 1460 aus, und die Grafschaft fiel dann an die Pfalzgrafen von Veldenz (f. Pfalzburg), deren Stamm 1694 erlosch. Alsdann kam die Erbschaft an die Fürsten von Birkenfeld und Sulzbach. Das Fort L. wurde am 10. August 1870 von den Franzosen geräumt.

Lichtenberg, 210 H., 1074 E., Fort auf einem 376 M. hohen Berge,

wurde im 11. Jahrh. gebaut, 1260 von den Bischöfen von Metz erobert und zerstört, 1286 wieder aufgebaut durch Konrad von Lichtenberg, Bischof von Straßburg; erneuert unter Philipp IV., Grafen von Hanau 1570. Das Geschlecht der Grafen von L. erlosch 1480 und das der Hanau-Lichtenberg 1736. Die Besitzungen gingen dann an die Familie Hessen-Darmstadt über (bis 1789). Am 10. August 1870 wurde Lichtenberg von den Deutschen besetzt. — Sage von den feindlichen Brüdern.

Drulingen, 108 H., 510 E., Dorf und Cantonshauptort an der Straße von Pfalzburg nach Saargemünd.

Saar-Union, 530 H., 3331 E., Cantonshauptort, Städtchen an der Saar, 37 Kilom. nordwestlich von Zabern, entstand im Jahre 1793 aus der Vereinigung von Buckenheim (auf dem rechten Ufer der Saar) und Neu-Saarwerden (auf dem linken Ufer der Saar, erbaut von dem Grafen von Nassau nach Aufhebung des Edikts von Nantes).

Saarwerden, Alt-Saarwerden, 115 H., 563 E., Dorf an dem rechten Ufer der Saar, war ein Sitz der Grafen von Saarwerden, deren Erbschaft an die Fürsten von Nassau-Saarbrück fiel.

Bezirk Ober-Elsaß.

1. Kreis Colmar.

Colmar, 2220 H., 23045 E., Regierungssitz von Ober-Elsaß und Kreishauptstadt, an der Lauch und dem Logelbach, 70 Kilom. südwestlich von Straßburg. Die Stadt hatte 9 im Jahre 1857 abgebrochene Thore, ist unregelmäßig gebaut und durchströmt von Kanälen. Bemerkenswerth: der Münster (St. Martinskirche), um die Mitte des 14. Jahrh. gebaut. Das ehemalige Kloster der Dominikanerinnen Unterlinden (gebaut v. 1252—89) dient jetzt zur Aufbewahrung der Bibliothek (40000 Bde.) und des Museums. Das Lyceum befindet sich in dem alten Kloster St. Peter. In der Stadt sieht man die Standbilder des Dichters Konrad Pfeffel (1736—1807), des Malers Martin Schöngauer oder Martin Schön (geb. um 1420, gest. 1499), des Admirals Joseph Brüat (1796—1855) und des Generals Joh. Rapp (1772—1823).

Die Existenz der Stadt ist schon in der Zeit Karl's des Großen historisch nachweisbar (Genitium columbrense). 833 wurde hier Ludwig der Fromme von seinen 3 Söhnen auf dem s. g. Lügenfelde (vorher Rothfeld, Rubeus campus) zwischen Colmar und Sigoldsheim besiegt. 887 hielt Karl der Dicke hier einen Reichstag. Im Jahre 1226 wurde C. von Kaiser Friedrich II. zur freien Reichsstadt erhoben, von dessen Vogte Albin Wölflin mit Mauern umgeben und stand im Kampfe auf Seiten der Hohenstaufen 1255 trat es in den rheinischen Städtebund. Familie Röffelmann. Judenverfolgung 1349. Armagnaken 1439—45. Kämpfe mit Karl dem Kühnen von Burgund und seinem Statthalter Peter von Hagenbach (1475—77). Einführung des Protestantismus und Befestigung der Stadt im 16. Jahrh. Einnahme derselben (1632) durch die Schweden unter Gustav Horn. Uebergabe der Stadt an Frankreich nach dem Siege Türenne's bei Türkheim (1675).

Winzenheim, 465 H, 3796 E., Marktflecken, Cantonshauptort, 6 Kilom. westlich von Colmar. Auf der Höhe südlich die Ruinen des Schlosses **Hohenlandsberg** (634 Mt. h.),

welches lange Zeit im Besitze des kaiserlichen Generals Lazarus von Schwendi war, 1635 zerstört und 1714 der Stadt Colmar übergeben wurde.

Außerdem die Ruinen von **Plixburg** und **Hageneck**.

Türkheim, 349 H., 2674 E., Städtchen an der Fecht, 7 Kilom. von Colmar, bekannt durch seinen trefflichen Wein.

Eine Niederlassung existirte hier schon vor der Völkerwanderung. Die Stadt stand im Mittelalter im Abhängigkeitsverhältnisse zu der Abtei Münster, wurde 1312 freie Reichsstadt und kam nach der Schlacht vom 5. Januar 1675 an Frankreich.

Egisheim, 372 H., 1765 E., Städtchen südlich von Colmar, verdankt seinen Namen dem Schlosse der Grafen von Egisheim, das im 8. Jahrh. erbaut wurde.

Leo IX. (Hugo IV., Graf v. E.), Papst von 1048—54, ist hier oder in Dagsburg (Kreis Saarburg) geboren.

Auf dem Berge, 3 Kilom. westlich von der Stadt, liegen (600 M. h.) die Ruinen der **drei Thürme** von Egisheim oder die **dreien Exen** (Dagsburg, Wahlenburg, Weckmund), Reste von 3 im Jahre 1466 zerstörten Schlössern.

Böllinshofen, 102 H., 516 E., Dorf südlich von Colmar. In der Nähe die Ruinen des Klosters **Marbach**, eines der ältesten in dem ganzen Elsaß.

Münster, 411 H., 4657 E., Cantonshauptstadt, 20 Kilom. westlich von Colmar im gleichnamigen Thale an der Fecht, bekannt durch seine Baumwollspinnereien.

Hier wurde 634 ein Benediktinerkloster gegründet unter der Leitung Oswald's, eines Schülers des hl. Papstes Gregor; daher der Name Gregorienthal, Monasterium in valle Sancti Gregorii. Um dieses entstand die Stadt, die 1354 freie Reichsstadt wurde und um 1540 die Reformation einführte.

In der Nähe die Ruinen des Schlosses Schwarzenburg. Aus den verschiedenen Gebirgsthälern und Alpenwirthschaften bei Münster stammt der berühmte Münsterkäse (Géromé), von dem jährlich etwa 500000 Kilogr. producirt werden sollen.

Sulzbach, 109 H., 848 E., Städtchen in einem Seitenthale der Fecht, 14 Kilom. westlich von Colmar, Badeort.

Wasserburg, 152 H., 742 E., Dorf im oberen Sulzbacher Thal mit einer Schloßruine. Die ehemaligen Schlösser Störenburg und Straßburg sind ganz verschwunden.

Andolsheim, 219 H., 970 E., Dorf südöstlich von Colmar, an der Jll, Cantonshauptort.

Horburg, 189 H., 1229 E., Dorf 2 Kilom. östlich von Colmar, die alte Römerniederlassung Argentuaria. Die Grafen v. H. hatten hier ein Schloß.

Neubreisach, 241 H., 2610 E, Cantonshauptort, 15 Kilom. von Colmar und 3 Kilom. vom Rhein, Festungsplatz 2. Klasse.

Als Ludwig XIV. in Folge des Friedens von Ryswijk (1697) Alt-Breisach herausgeben mußte und nur den Brückenkopf behielt, wo jetzt Fort Mortier steht, baute er 1699 Neubreisach. Am 7. Novbr. 1870 kapitulirte Fort Mortier und am 10. Neubreisach.

Die badische Stadt Altbreisach (Mons Brisiacus) lag früher auf der linken Seite des Rheines, im 10. Jahrh. bereits auf einer Insel, im Laufe des 12. Jahrh. vertrocknete der rechte Rheinarm. (Sitz der Sage von den Harlungen und dem getreuen Eckehart.)

2. Kreis Rappoltsweiler.

Rappoltsweiler, Ribeauvillé, 781 H., 6320 E., Kreishauptstadt, 16 Kilom nördlich von Colmar, am Strengbach und am Fuße des Berges Thännchel.

Der Ort wird bereits im 8. Jahrhundert erwähnt, kam am Ende des 12. Jahrh. an Egeloph von Urselingen, den Stammvater des Geschlechtes von Rappoltstein (Ribeaupierro), wurde im 13. Jahrh. Stadt und befestigt (unter Rudolf von Habsburg, der sich hier oft aufhielt) und kam endlich mit dem übrigen Elsaß an Frankreich. Unter Ludwig XIV. gehörte die Herrschaft R. den Herzögen von Zweybrücken-Birkenfeld.

Ueber der Stadt liegen die Ruinen von 3 Schlössern: **Hohen-Rappoltstein** (Haute-Ribeaupierre), **St. Ulrich** (château de Saint Ulric) und **Girsberg** (la Roche). In der Stadt selbst steht noch ein 4. Schloß. Die Pfarrkirche wurde 1284—1473 gebaut. Die Stadt war ursprünglich in 4 von einander abgesonderte Viertel getheilt. Von dieser Absonderung existirt noch das Metzgerthor. Im Westen der Stadt sind die Ruinen der berühmten Wallfahrtskirche zur hl. Jungfrau von **Dusenbach** (Notre-Dame de Dusenbach), der Patronin der Musikanten. Fest und Wahl des „Pfeiferkönigs" war alljährlich am 8. Septbr. R. ist die Vaterstadt Ph. J. Spener's (1653—1705).

Bergheim, 512 H., 3072 E., Dorf nordwestlich von Rappoltsweiler. Am Berge die Ruinen des Schlosses **Reichenberg**.

Thannenkirch, 148 H., 909 E., Dorf auf der Höhe des Gebirges. In der Nähe zeigen sich Spuren der sog. **Heidenmauer** (s. Ottilienberg).

St. Pilt (St. Pölten, St. Hippolyte), 357 H., 2207 E., Städtchen südwestlich von Schlettstadt, verdankt seinen Ursprung einem im 8. Jahrh. von Abt Fulrad von St. Denys hier gegründeten Kloster zu Ehren des hl. Hippolytus.

Gemar, 224 H., 1350 E., Städtchen, 5 Kilom. östlich von Rappoltsweiler, bestand schon im 8. Jahrh. Sein Schloß **Mollenburg** wurde 1783 zerstört.

Hunaweier, 156 H., 818 E., Dorf genannt nach der hl. Huna († 679). Gute Weingegend.

Markirch, St. Marie-aux-Mines, Fanum Sanctae Mariae ad fodinas, 1167 H., 12319 E., Cantonshauptstadt an der Leber, 19 Kilom. nordwestlich von Rappoltsweiler, mit bedeutenden seit 1755 eingeführten Baumwollspinnereien. Der Name kommt von einer jetzt nicht mehr existirenden der hl. Maria Magdalena geweihten Kirche.

Die Stadt war im Mittelalter in zwei Herrschaften getheilt. Der Theil auf der linken Seite der Leber gehörte den Herzögen v. Lothringen und nachher Frankreich, sprach französisch und war katholisch, die rechte Seite des Flusses dagegen gehörte dem Herrn v. Rappoltstein, sprach deutsch und war protestantisch. Seit der französ. Revolution ist die Scheidung aufgehoben. Die Minen wurden schon im 15. Jahrh. ausgebeutet und lieferten vor allem Silbererze.

St. Kreutz im Leberthal, St. Croix-aux-Mines, 462 H., 3541 E., Dorf. Am Eingang des Rombachthales sind die Ruinen des Schlosses Eschery.

Leberau, Lièpvre, 380 H., 2744 E., Dorf unterhalb St. Kreutz, verdankt seinen Ursprung einem um 770 hier von Abt Fulrad von St. Denys gegründeten Kloster.

Altweier, Aubure, 58 H., 311 E., ein 900 M. h. liegendes Gebirgsdorf.

Schnierlach, la Poutroye, 375 H., 2462 E., Marktflecken, Cantonshauptort, 22 Kilom. nordwestlich von Colmar an dem Beschbach (Béhine), hat Baumwollspinnereien.

Zell (la Baroche), 323 H., 2067 E., Dorf auf einem Berge gelegen an der südöstlichen Grenze des Cantons. In der Nähe die Ruinen des Schlosses Hohenack, 1654 zerstört.

Urbis (Urbeis, Orbey), 160 H., 865 E., Dorf an der Weiß im gleichnamigen Thale. In der Nähe die Ruinen der Cistercienserabtei **Pairis** (abbatia Parisiensis), 1138 gegründet.

Diebolshausen (le Bonhomme), 211 H., 1166 E., Dorf in der Nähe des Berges Bonhomme.

Urbach, Fréland, 350 H., 1937 E., Dorf im Urbachthale. Kirschwasser- und Käsefabrikation.

Kayersberg, 415 H., 2830 E., Cantonshauptstadt, 14 Kilom. nordwestlich von Colmar an der Weiß, wurde unter Friedrich II. freie Reichsstadt, in der Rudolf v. Habsburg 1261 und 1285 sich aufhielt, und Karl IV. im Jahre 1354 eine Versammlung von Abgeordneten der freien Städte abhielt. Von dem alten Schlosse steht nur noch ein runder Thurm und einige Mauern. Geiler v. Kaysersberg, geb. in Schaffhausen 1445 und gest. in Straßburg 1510, wurde hier erzogen.

Oberhalb K an der Weiß liegen die Ruinen des Klosters **Alspach.**

Niedermorschweier, 174 H., 781 E., Dorf. In der Höhe die Ruinen des Klosters der **3 Aehren** (les Trois-Epis), gebaut 1491. Wallfahrtsort.

Katzenthal, 114 H., 571 E., Dorf. Am Berge die Ruinen des Schlosses **Windeck**

Reichenweier, Riquewihr, 326 H., 1777 E., nordöstlich von Kaysersberg am Sembach, altes Städtchen, das lange den Herzögen von Württemberg gehörte. Von alten Baulichkeiten sind das **Oberthor** und der **Schelmenthurm** zu merken.

In der Nähe sind die Ruinen des Schlosses Reichenstein (1269 zerstört), und weiter gegen Rappoltsweiler die des Schlosses Bilstein (1636 zerstört).

3. Kreis Gebweiler.

Gebweiler, 1042 H., 11338 E., Kreishauptstadt an der Lauch und am Eingang des Blumenthals, 26 Kilom. südsüdwestlich von Colmar, bekannt durch seinen vortrefflichen Wein (Olber, Kitterle, Soring, Wanne) und seine Fabriken. Unter seinen Kirchen stammt die neue Pfarrkirche aus dem 18., die alte aus dem 14. Jahrh.

Der Ort wird bereits 774 erwähnt, wurde um die Mitte des 13. Jahrh. befestigt, 1375 von den s. g. englischen Raubhorden, 1445 von den Armagnaken angegriffen, aber nicht genommen, im 30jährigen Kriege von den Schweden verwüstet.

Bei G. befanden sich die Schlösser Ungerstein oder Hungerstein, Angreth und weiter westlich Hugstein (gebaut 1216 von dem Abte von Murbach, Hugo von Rothenburg).

Murbach, 45 H., 308 E., Dorf am Murbach, der bei Bühl in die Lauch fällt.

Hier wurde 727 durch den hl. Pirmin die berühmte Abtei gegründet (nach seinem Weggang von der Insel Reichenau im Bodensee). 929 verwüsteten die Ungarn das Kloster und erschlugen 7 Mönche auf dem Mordfelde (beim Hundskopf). Die Blüthezeit der Abtei fällt in das 14., 15. und 16. Jahrh. Der Abt hatte den Fürstentitel und Sitz im Reichstage. Um zu dieser Würde gelangen zu können, mußte man 16 Ahnen nachweisen. Im Jahre 1764 wurde die Abtei säcularisirt, und das Kapitel nach Gebweiler versetzt, wo die französ. Revolution es vollends auflöste.

Auf der Höhe stehen die Ruinen des Schlosses Hohenrupf, das von Abt Berthold von Steinbrunn zum Schutze des Klosters gebaut worden war.

Lautenbach, 264 H., 2073 E., Dorf am linken Ufer der Lauch. In der Nähe die Kapelle des hl. Gangolf.

Sulz (Ober-Sulz), 727 H., 5276 E., Städtchen, Cantonshauptort, südlich von Gebweiler. Der Name wird schon 667 genannt. Von 1079—1789 gehörte die Stadt und Umgegend den Bischöfen von Straßburg. Bei Jungholz liegen die Trümmer des Schlosses Jungholz oder Schauenburg und der Wallfahrtsort Thierbach (1135 gegründet).

Hartmannsweiler, 176 H., 889 E., Dorf. In der Nähe war eine römische Niederlassung auf dem Schimmelrain.

Ensisheim, 322 H., 3129 E., Cantonshauptort an der Ill und dem Quatelbach, wird zuerst erwähnt im Jahre 768. Die Grafen von Habsburg hatten hier das Schloß Königsburg. E. war die Hauptstadt der habsburgischen Besitzungen am Oberrhein. 1474 Peter von Hagenbach vor E. In dem ehemaligen Jesuitenkloster befindet sich jetzt eine Strafanstalt. In der Stadtkirche ist ein 1492 gefallener Meteorstein.

Der Dichter Jakob Balde (1604—1648) ist in E. geboren.

Blobelsheim, 244 H., 1232 E., Dorf in der Nähe des Rheines.

Sieg des Bischofs Berthold von Straßburg über den Grafen von Pfirt 1228.

Rumersheim, 156 H., 735 E., Dorf. 1709 Schlacht zwischen den Oesterreichern und Franzosen.

Rufach, 677 H., 3614 E., Rubeacum, Cantonshauptort, Städtchen am Rothbach, 15 Kilom. südlich von Colmar, war bereits ein Wohnsitz der austrasischen Könige und wurde 677 an die Kirche von Straßburg abgetreten (das obere Mundat.) Aufstand der Rufacher Frauen gegen Heinrich V. 1106. Die Pfarrkirche St. Arbogast stammt aus dem 13. Jahrh. Schlacht zwischen den Bürgern von Rufach und Colmar 1248 und 1256. Kaiser Adolf belagert die Stadt 1298.

Zwischen R. und Orschweier liegt der **Bollenberg**.

Sulzmatt, 517 H., 3000 E., Dorf am Rothbach oder Ohmbach im Sulzmatter oder St Georgsthal. 1 Kilom. v. S. sind berühmte Mineralquellen, die aus dem Heidenberg kommen.

Hattstatt, 216 H., 1025 E., Dorf, nördlich von Rufach. Auf dem Berge die Ruinen des Schlosses **Hohenhattstatt** oder **Barbenstein**.

4. Kreis Thann.

Thann, Pinctum, 677 H., 8052 E., Kreishauptstadt an der Thur, bekannt durch seinen trefflichen Wein (Rangen).

Zu Thann im Rangen,
Zu Gebweiler in der Wanne,
Und zu Türkheim im Brand
Wächst der beste Wein im Land.

Nach einer Legende verdankt die Stadt ihren Ursprung einer zu Ehren des hl. Theobald (St. Thiébaud, † 1160) hier erbauten Kapelle. Der Ort sammt der am Berge erbauten **Engelburg** ist aber bedeutend älter und gehörte den Grafen v. Pfirt. Nach dem Aussterben dieser berühmten Familie (1324) kam er an die Erzherzöge von Österreich und war neben Ensisheim ihre wichtigste Stadt. Im 15. Jahrh. gehörte er den Herzögen v. Burgund, und der grausame Landvogt Karls des Kühnen, Peter v. Hagenbach, hauste im Schlosse zu Thann. Die Stadt wurde 1632 von den Schweden erobert, 1639 von Bernhard v. Sachsen-Weimar. Nachdem sie französisch geworden, war sie im Besitze der Familie Mazarin und Valentinois. 1674 zerstörten die Franzosen das Schloß Engelburg.

Die St. Theobaldskirche, im gothischen Stil erbaut, ist eines der herrlichsten Denkmäler dieser Art.

Sennheim, Cernay, 579 H, 4319 E., Cantonshauptort, östlich von Thann, wird schon im Jahre 1147 erwähnt, gehörte zur Grafschaft Pfirt und dann dem Hause Habsburg. 1634 wurde es von den Schweden erobert. — Das **Ochsenfeld**, am rechten Ufer der Thur zwischen Thann, Sennheim, Wittelsheim und den beiden Aspach, ist in Geschichte und Sage bekannt. Es wird für den Ort gehalten, wo Cäsar 58 v. Chr. den Ariovist schlug (s. Reiningen). Auch Attila mit seinen Hunnen soll hier eine gewaltige Schlacht geschlagen haben.

Wattweiler, 320 H., 1502 E., Dorf (ehemals ein Städtchen) nördlich von Sennheim, hat Mineralquellen.

Schlacht 1525 gegen die Bauern und 1634 zwischen den Kaiserlichen und den Schweden.

In der Nähe die Ruinen der **Schlösser Herrenfluch** (740 M. h.) und **Hirzenstein**.

St. Amarin, 278 H., 2243 E., Cantonshauptort im Thale gleichen Namens an der Thur (Baumwollspinnereien), verdankt seinen Namen und Ursprung einer Einsiedelei des hl. Marin (7. Jahrh.). Das daraus entstandene Kloster gehörte zu Murbach. Bei der Stadt befand sich früher das Schloß **Friedburg**.

Goldbach, 107 H., 671 E., Dorf östlich von St. Amarin. In der Nähe die Ruinen des Schlosses **Freundstein** (948 M. h.).

Häusern (Hüsseren), 166 H., 1085 E., Dorf an der Thur. In der Nähe die Ruinen des Schlosses **Störenburg**.

Wesserling gehört zur Gemeinde Häusern und hat bedeutende Baumwollspinnereien.

Das ehemalige Schloß gehörte den Aebten von Murbach, wurde 1637 gebaut und brannte 1778 ab.

Wildenstein, 95 H., 611 E., Dorf im oberen Thurthal, hat ebenfalls Baumwollspinnereien. Die Glashütte wurde 1699 von den Aebten von Murbach gegründet. Auf dem Schloßberg steht die Ruine des Schlosses Wildenstein, das im 14. Jahrh. erbaut und im 17. von den Schweden zerstört wurde.

Maßmünster, Massevaux, Masonis monasterium, 366 H., 3349 E., Cantonshauptort im gleichnamigen Thale an der Doller,

verdankt seinen Ursprung einem Frauenkloster, das Mason, Enkel des Herzogs Eticho, um 710 gründete, und das bis in's 18. Jahrh. bestand.

5. Kreis Mülhausen.

Mülhausen, 3990 H., 52825 E., Kreishauptstadt, 43 Kilom. südlich von Colmar, 30 Kilom. nordwestlich von Basel und 15 Kilom. westlich vom Rhein, an der Ill und dem Rhone-Rhein-Kanal. Das einzige merkwürdige alte Gebäude ist das Rathhaus, das 1431 gebaut wurde, 1551 abbrannte und wieder neu aufgebaut wurde. Von der alten Befestigung der Stadt, die fünf Thore hatte, sieht man bei dem Nesselthor (porte de Nesle) noch den Teufelsthurm (Tour du Diable). — Zwei hübsche neue Kirchen. — M. ist berühmt wegen seiner Baumwollspinnereien, wozu der Anfang 1746 von Samuel Köchlin, Johann Jakob Schmalzer und J. H. Dollfus gemacht wurde, und welche die Stadt (1798 zählte sie noch kaum 6000 E.) rasch zu solcher Größe und Blüthe brachten. Der Gewerbverein (Société industrielle) wurde 1832 gegründet. Die Arbeiterstadt (cité ouvrière) wurde 1853 zu bauen begonnen.

In der Geschichte erscheint M. zum ersten Male im Jahre 717, gehörte später der Abtei Maßmünster, trägt im 13. Jahrh. bereits den Namen Stadt und wird von dem kaiserlichen Landvogt Albin Wölffel mit Mauern umgeben. 1273 wurde es freie Reichsstadt. 1290 u. 1348 Judenverfolgung; im 14. Jahrh. Kampf zwischen Adel und Bürgerthum; 1444 Kampf gegen die Armagnaken. 1515 tritt M. definitiv in die schweizerische Eidgenossenschaft und nimmt 1528 die Reformation an. Am Ende des 16. Jahrh. Kampf der katholischen und protestantischen Parteien in der Stadt. 1798 Vereinigung mit Frankreich (Johann Baptist Reubel).

Dornach, 461 H., 4082 E., Dorf westlich von Mülhausen, ehemals der Adelsfamilie von Zu-Rhein gehörend, deren Schloß noch existirt, hat ebenfalls Baumwollspinnereien.

Reiningen, 200 H., 1275 E., Dorf an der Doller. Schlacht Cäsar's gegen Ariovist 58 v. Chr. (s. Sennheim). In der Nähe der Oehlenberg, altes im 11. Jahrh gegründetes Kloster, jetzt den Trappisten gehörig.

Ringersheim, 128 H., 704 E., Dorf mit einem Schlosse der Grafen von Anblau, jetzt Fabrik.

Habsheim, 337 H., 1975 E., Cantonshauptort, Dorf südöstlich von Mülhausen, existirte schon im 8. Jahrh.

Rembs, 228 H., 1168 E., Dorf am Rhein, alte Römerstation.

Ottmarsheim, 176 H., 846 E., Dorf am Rhein mit einer nach der Krönungskirche in Aachen gebauten sehr alten Kirche. Im 11. Jahrh. wurde hier ein Kloster der Benediktinerinnen gegründet.

Eichwald (Chalampé), 67 H., 340 E., Dorf am Rhein, gegründet nach der Schlacht der Oesterreicher unter dem General Mercy und der Franzosen unter dem Marschall Dubourg 1709, und bis 1735 Eichwald genannt.

Banzenheim, 225 H., 1065 E., Dorf, besaß das von Rudolf von Habsburg gebaute und 1268 zerstörte Schloß Froschbach.

Illzach, 274 H., 1758 E., Dorf am Zusammenfluß der Doller und Ill, liegt an dem von den Römern Urunci benannten Platze.

Landser (eigentl. Landeséhre, l'ornement du pays), 105 H., 561 E., Cantonshauptort, südlich von Mülhausen, wurde um 1269 erbaut, 1303 an das Haus Habsburg verkauft.

Sierenz, Serencia, 244 H., 1242 E., an der Eisenbahn von Mülhausen nach Basel. Hier besaßen schon die Karolinger einen Pallast.

Hüningen, 175 H., 1888 E., Städtchen, Cantonshauptort, am Rhein, 3 Kilom. von Basel.

Der Name wird abgeleitet von den Hunnen (Ungarn), die hier über den Rhein gesetzt sein sollen. Im 11. Jahrh. wird der Name der Stadt bereits genannt. Im 16. Jahrh. bekam sie den Namen Groß-Hüningen zum Unterschiede von Klein-H. auf der rechten Seite des Rheins. Ludwig XIV. ließ sie 1680 durch Vauban befestigen. Sie wurde 1796, 1814 und 1815 belagert. Am 31. August 1815 mußte sie sich den Oesterreichern übergeben, und die Festungswerke wurden geschleift.

Unterhalb H (5 Kilom.) auf der Gemarkung Blotzheim befindet sich die Anlage für künstliche Fischzucht (l'établissement de pisciculture).

Leimen, 157 H., 888 E., das südlichste Dorf des Kreises M. Oberhalb des Dorfes auf einem Gipfel des Jura liegen die Ruinen des Schlosses Landskron, das schon 1215 von Friedrich II. erobert worden war. Ludwig XIV.

ließ es von Neuem befestigen, und es galt für einen festen Punkt, bis es 1813 von den Alliirten erobert und zerstört wurde.

6. Kreis Altkirch.

Altkirch, 449 H., 2955 E., Kreishauptstadt an der Jll.
Die Stadt verdankt ihren Ursprung und Namen einer 10 Minuten von dem heutigen Altkirch im Thale gelegenen Kirche (Abtei St. Morand). Um diese entstand eine Ansiedelung, die am Ende des 12. Jahrh. abbrannte. Alsdann ließen sich die Einwohner auf dem nahen Hügel um das Schloß, auf dessen Platze die jetzige neue Pfarrkirche steht, nieder. Die Herrschaft Altkirch gehörte den Grafen v. Pfirt und kam nach deren Aussterben an die Erzherzoge von Oesterreich. 1659 wurde sie von Ludwig XIV. dem Cardinal Mazarin gegeben, nachdem sie 1648 an Frankreich gekommen war.

Jllfurt, 218 H., 1086 E., Dorf am Zusammenfluß der Jll und Larg am Fuße des St. Prix (S. Praejectus) oder Britzgyberges. Auf diesem Berge hat man Spuren eines römischen Lagers entdeckt. Auf dem Küppele-Berg stand früher ein Schloß.

Hirsingen, 232 H., 1281 E., Cantonshauptort, an der Jll, 5 Kilom. südlich von Altkirch. Hier stand früher ein Schloß der Grafen von Montjoie.

Pfirt, Ferrette, Phirrétum, 116 H., 595 E., Cantonshauptort, 17 Kilom. südlich von Altkirch, 4 Kilom. nördlich von der Jllquelle,
verdankt seinen Ursprung dem Schlosse, dessen Ruinen jetzt noch vorhanden sind und in dem die mächtigen Grafen dieses Namens residirt haben (ausgestorben 1354). 1445 wurde Pfirt von den Baselern verbrannt, 1633 von den Schweden erobert.

Kiffis, 64 H., 402 E., Dorf nahe der Schweizergrenze an der Lützel (Lucelle) und am Fuße des Berges Blaumont oder Laumont (Blauen), auf dem die Ruinen des Schlosses Blochmond stehen.

Liebsdorf, 70 H., 375 E., Dorf mit den Ruinen des Schlosses Liebenstein.

Lützel, Lucelle, 24 H., 183 E., Dorf hart an der Schweizergrenze am Ursprung der Lützel.
Hier stand ein im Jahre 1123 gegründetes Kloster, das 1524 verbrannte und 1804 ganz zerstört wurde.

Oberlarg, 76 H., 323 E., Dorf am Ursprung der Larg.
Auf dem nahen Mortmont oder Morsberg sind die Ruinen eines Schlosses, das den Herrn v. M. gehörte und im 17. Jahrhundert zerstört wurde.

Winkel, 130 H., 638 E., Dorf am Ursprung der Ill. Auf dem Berg stand einst ein Schloß der Herrn v. Warth.

Dammerkirch, Dannemarie, 184 H., 1164 E., Cantonshauptort in der Nähe der Larg und des Rhone-Rhein-Kanals, woselbst eine prächtige Kanalbrücke über die Larg führt.

Gottesthal (Valdieu), 34 H., 163 E., Dorf an der Wasserscheide des Rhone-Rhein-Kanals.

Geschichte von Elsaß in kurzer Uebersicht.

Die ältesten geschichtlich nachweisbaren Einwohner des Elsasses sind die Kelten, und zwar im Norden der Stamm der Mebriomatiker (s. Geschichte von Lothringen), die vom Rheine durch die deutschen Stämme der Triboci und Nemētes allmälig hinweggedrängt wurden; im südlichen Theile des Landes die Raurici und vielleicht auch theilweise die germanischen Stämme der Latovici und Tulingi. Zur Zeit der Ankunft Cäsars in Gallien (58 v. Chr.) hatte sich noch Ariovist mit seinen suevischen Kriegern, nach Besiegung der Aeduer bei Admagetobriga, festgesetzt und wurde von Cäsar besiegt und über den Rhein zurückgedrängt.

Das Land stand nun unter römischer Herrschaft mit dem Namen Germania superior und dem Mittelpunkte Argentorātum (Argentorātus). Römisches Leben und römische Cultur herrschten in dem ganzen Gebiet.

Ein neuer deutscher Volksstamm drängte sich von Osten gegen Ende des 3. Jahrh. nach, die Alemannen. Sie machten häufige Einfälle nach Gallien, verwüsteten und plünderten die Städte (45 Städte, darunter Straßburg, Brumath, Elsaß-Zabern), bis sie endlich von dem römischen Kaiser Julian im Jahre 357 bei Straßburg geschlagen wurden (König Chnobomar gefangen). Doch konnte das zusammenbrechende römische Reich den immer von Neuem vordringenden deutschen Stämmen keinen dauernden Widerstand mehr leisten, und um die Mitte des 5. Jahrh. sind die Alemannen im Besitze des Elsasses.

Bei ihrem Vorbringen nach Norden treffen sie auf die Franken und werden von Chlodwig, dem Könige derselben, bei Tolbiacum 496 besiegt und unterworfen. Unter diesem Könige faßte auch das Christenthum, das schon vorher durch die Römer theilweise Vorbereitung gefunden haben mag, im Lande feste Wurzeln.

Das Land bildete nun einen Theil des großen Frankenreichs, wurde im 7. Jahrh. ein Herzogthum unter dem Geschlechte der Etichonen (Eticho und seine Söhne Adalbert und Liutfrid) und zerfiel in Sundgau und Nordgau (Ober- und Unter-Elsaß), von denen jener dem Bisthum Basel, dieser dem Bisthum Straßburg in kirchlicher Beziehung unterstellt war. Karl Martell hob das Herzogthum auf und setzte über die beiden Gaue zwei Landgrafen.

Unter den Karolingern, die hier viele Lieblingsaufenthaltsorte hatten, blühte das Land empor, fiel 843 an Lothar und 870 an Ludwig den Deutschen.

Kaiser Heinrich I. vereinigte 925 das Elsaß definitiv mit dem deutschen Reiche, und zwar wurde das Land zu dem Herzogthum Alemannien oder Schwaben gerechnet. Die Staufer, seit 1079 Herzöge von Schwaben und Elsaß, die 1138 auf den deutschen Kaiserthron gelangten, behielten die Landgrafen bei.

Der Nordgau, jetzt auch Unter-Elsaß genannt, kam an die Familie der Grafen v. Werth und nach deren Aussterben 1344 durch eine Erbtochter an die Grafen v. Dettingen, die 1362 ihre Anrechte an Johann v. Lichtenberg, Bischof von Straßburg, verkauften.

Der Sundgau oder das Ober-Elsaß sammt der Grafschaft Pfirt, dem später noch sog. Sundgau, blieb bei Nachkommen der Etichonen und ging unter Kaiser Friedrich I. an die Grafen von Habsburg über. Im Allgemeinen blieb das Ober-Elsaß unter der fortdauernden Herrschaft der Habsburger ein mehr zusammenhängendes Ganze, während im Unter-Elsaß sich verschiedenartige kleinere Herrschaften mit wechselndem Besitzstande bildeten.

Dazwischen erhoben sich, begünstigt von den deutschen Kaisern, namentlich den Hohenstaufen, die hier die Hauptstützen ihrer Macht fanden, einzelne Städte als freie deutsche Reichsstädte, nämlich: Straßburg, Hagenau, Schlettstadt, Oberehnheim, Rosheim, Colmar, Thüringheim (Türkheim), Kaysersberg, Münster im Gregorienthal nebst den zwei zum Speyergau gehörigen Städten Weißenburg und Landau.

Diese Städte nahmen 1255 meistens Theil am rheinischen

Städtebund und gelangten — besonders Straßburg — zu einer solchen Macht, daß sie vielfach mit Erfolg den Uebergriffen der abeligen Herrn, die sich auf den zahllosen Burgen des Landes angesiedelt hatten, entgegentraten. Dabei blieb jedoch die Ueberzeugung der Reichsangehörigkeit. E. war eines der besten **Reichsländer und hat seine vorherrschend kaiserliche Richtung treu bewahrt.**

Das Land war übrigens der Schauplatz beinahe beständiger Kriege:

1365 die sog. englische Invasion (Arnauld v. Servole);

1375 Einfälle unter Enguerrand von Coucy;

1388 war es der **Kurfürst Ruprecht von der Pfalz**, der Elsaß verwüstete aus Rache für den Einfall der rheinischen Städte in sein Gebiet (1385);

1389 verheerten der **Markgraf v. Baden** und der **Graf v. Leiningen** das Land;

1393 waren die Kämpfe zwischen der **Stadt Straßburg** und **Bruno v. Rappoltstein**;

1415 u. 27 Kämpfe zwischen der **Stadt Str.** und dem **Bischof Wilhelm**;

1439 u. 44 Einfall der Armagnaken;

1469—74 verpfändete **Herzog Sigismund** von der tiroler Seitenlinie des habsburgischen Stammes seine Besitzungen in Ober-Elsaß an **Karl den Kühnen v. Burgund** (Statthalter Peter v. Hagenbach, 1474 in Breisach hingerichtet.);

1517 u. folg. J. Einführung der **Reformation** in einzelnen Städten;

1525 Bauernkrieg. (La guerre des paysans ou des rustauds.);

1592—1604 Kampf um den Straßburger Bischofssitz zwischen Johann Georg, Markgraf von Brandenburg, und Carbinal Karl v. Lothringen;

1621 Graf Mansfeld im Elsaß;

1625 erhält Erzherzog Leopold das Ober-Elsaß sammt Breisgau und Tirol als abgesondertes Besitzthum;

1632 die Schweden unter Graf Horn im Elsaß;

1637—39 Herzog Bernhard von Sachsen-Weimar im Ober-Elsaß gegen die Kaiserlichen.

Allgemeiner Ruin des Landes am Schlusse des 30jährigen Krieges.

Im westphälischen Frieden (1648) wird die Grafschaft Pfirt (Sundgau), die Landgrafschaft Ober-Elsaß, die Landvogtei über die 10 Reichsstädte und die Landgrafschaft Unter-Elsaß an Frankreich abgetreten.

Nur die Besitzungen des Bischofs und Kapitels v. Straßburg und einiger andern Reichsstände, wie der Herzöge von Würtemberg und Lothringen, der Grafen von Lichtenberg, Fugger, Leiningen, Velbenz, der Herrn von Fleckenstein, die Reichsritterschaft (47 Familien) und die Reichsstädte (jedoch mit französischer Landvogtei) blieben noch eine Zeit lang beim deutschen Reiche.

Am 10. Juni 1662 fielen auch die Reichsstädte mit Ausnahme Straßburgs an Frankreich.

1675 bekämpfte Türenne die Kaiserlichen im Ober-Elsaß. — Sein Nachfolger Créqui verwüstet das Unter-Elsaß.

1680 Reunionskammer zu Breisach.

30. Septbr. 1681 Wegnahme Straßburg's.

Auch das Land nordwärts über Weißenburg hinaus bis zur Queich, der sog. Speyergau, wurde zu der neuen französischen Provinz geschlagen, und der ganze Länderraub im Nyswijker Frieden (1697) bestätigt.

Der spanische Erbfolgekrieg (1701—14) wurde theilweise ebenfalls im Elsaß ausgefochten.

Mit der französischen Revolution gingen die letzten Besitzungen der deutschen reichsunmittelbaren Fürsten im Elsaß an Frankreich verloren, und das Land verschwindet, getheilt in die Departements Ober- und Nieder-Rhein, im französischen Reiche.

Im Jahre 1815 kam ein kleiner Theil von Unter-Elsaß, alles Land nördlich von der Lauter, an Deutschland zurück (f. S. 6).

Bezirk Lothringen.

1. Stadtkreis Metz.

Metz, 3095 H., 51388 E., Hauptstadt des ganzen Regierungsbezirkes und Kreishauptstadt, Sitz eines Bischofs, liegt 177 M. über dem Meere in dem Winkel, der durch den Zusammenfluß der Mosel und Seille gebildet wird. Erstere geht

in 3, letztere in 2 Armen durch die Stadt. M. ist Festungs=
platz ersten Rangs, besitzt 7 Thore, zwei **ältere Forts**
(le Fort de la double Couronne oder Fort Moselle und Fort
de Belle-Croix) und 4 im Jahre 1868 rings um Metz **neu
erbaute Forts** (F. des Carrières, du Mont Saint-Quentin,
de Saint-Julien und de Queuleu). Dazu treten jetzt neu zu
errichtende Forts, wie St. Privat, ein 2. Fort St. Quentin 2c.
Der Größe der Festung entsprechen ihre übrigen militärischen
Anstalten, als Kasernen, Spitäler 2c. Unter den **Kirchen** ist
der im gothischen Stile erbaute **Dom** zu nennen. Er wurde
im 11. Jahrh. begonnen und im 16. vollendet nach dem Plane
von Peter Perrat. Die große Glocke des südlichen Thurmes
wiegt mit dem Schlägel 11210 Kilogr. Andere nennenswerthe
Kirchen sind: Die Kirche von St. **Vincent** (gebaut 1248—
1376), St. **Clemens**, St. **Maximin**, St. **Eucharius**,
St. **Martin** u. a. — Das **Stabthaus** wurde 1771 gebaut
nach den Plänen von Blondel, der **Justizpalast** 1776, das
Präfekturgebäude 1806. Das **kaiserliche Lyceum**
wurde 1804 gestiftet und befindet sich in einem früheren Be=
nediktinerkloster. — Die **gedeckte Markthalle**. Die **große
Wasserleitung**, die das Trinkwasser von Gorze herführt,
wurde 1866 vollendet. Der **Paradeplatz** (Place d'armes)
trägt die Statue des Marschalls Fabert, die **Esplanade** die
des Marschalls Ney. Die Stadt besitzt eine öffentliche Bibliothek
von 30000 Bänden, eine Gemäldegallerie, eine naturhistorische
Sammlung.

Metz war unter dem Namen Divodurum die Hauptstadt der
schon bei Cäsar genannten keltischen Mediomatrici und gehörte zu
Belgium, der nördlichen Provinz Galliens. Die Römerstadt lag mehr
südlich, gegen das jetzige Montigny und le Sablon hin, zwischen Seille
und Mosel. Zu Attila's Zeit wurde sie verwüstet, erschien in der fränkischen Zeit als Mettis wieder und war unter den Nachkommen Chlod=
wig's Hauptstadt von Austrasien. Karl der Große hielt sich oft hier
auf, und sein Sohn Ludwig der Fromme (Louis le Débonnaire) wurde
in der Abtei St. Arnold begraben, wo sein Grabmal bis 1652 existirte.
Durch den Vertrag von Verdün (843) kam M. an Lothar, durch den
Vertrag von Mersen (870) an Deutschland. Ludwig der Deutsche
hielt hier am 7. August 872 einen allgemeinen „Hoftag" ab, wobei
sächsische und dänische Gesandten mit großem Pomp empfangen wurden.
Gegen französische Angriffe wurde die Stadt von dem deutschen Kaiser
Heinrich I. (923) und Otto I. (945) behauptet. Letzterer zählte Metz
zu den 4 deutschen Hauptstädten, die den Feinden trotzten. Seit dem
11. Jahrh. war M freie deutsche Reichsstadt. Die Gewalt
war zwischen dem Bischofe und dem Magistrat getheilt Der Letztere

erhielt aber mit Hülfe des Volkes die Oberhand über den Ersteren, so daß der Bischof in der Stadt M. und dem Lande Messin (Bezirk der Stadt) keine anderen Vorrechte behielt, als daß er Antheil an der Wahl des Magistrates nahm, und dieser den Eid in seine Hände ablegte. Der Magistrat hatte volle unumschränkte Gewalt in der Stadt und dem Lande Messin, der Bischof in den Domainen seines Bisthums; doch fand in gewissen Fällen die Appellation an das kaiserliche Kammergericht statt, und sie mußten die höchste Gewalt des Reiches anerkennen. Kaiser Karl IV. hielt 1365 zu M. den Reichstag, auf dem die goldene Bulle, das berühmte Reichsgrundgesetz, verkündet wurde. Der Kurfürst Moritz von Sachsen schloß am 5. Okt. 1551 mit dem König Heinrich II. von Frankreich ein Bündniß gegen den deutschen Kaiser Karl V., und während Moritz diesen bekämpfte, nahm der Connétable de Montmorency den 10. April 1552 von der Stadt (zugleich mit Cambrai, Toul und Verdün) im Namen Frankreichs Besitz. Karl V. belagerte die Stadt (vom 19. Okt. 1552 an), die von Franz v. Guise vertheidigt wurde. Hauptangriff den 28. Novbr. von der Porte Serpenoise (Bahnhofsthor). Nach 2 Monaten nutzloser Anstrengung zog sich Karl V. zurück. Die Stadt hatte durch die Vertheidigung schwer gelitten. Die Vorstädte waren zerstört. Der französische Gouverneur, Marschall de Vieilleville, entzog der Stadt die Wahl ihrer Magistrate, dem Bischof das Recht, den Beamten den Eid abzunehmen. Einer der alten Patrizier der Stadt, Russel, soll sich aus Verzweiflung darüber getödtet haben. Aus Furcht vor den Einwohnern ließ Vieilleville auf dem Platze der heutigen Esplanade eine Citadelle erbauen, die im Jahre 1791 wieder zerstört wurde. M., das als freie deutsche Reichsstadt seine eigenen Abgeordneten zum Reichstag schickte, das über 215 Ortschaften regierte und 60,000 E. zählte, sank allmälig in Ansehen, Reichthum und Volkszahl herab. Eine Menge der unabhängigen und reichen Familien wanderten aus, und im Jahre 1698 hatte die Stadt nicht mehr als 22000 E. Im westphälischen Frieden 1648 wurde die Stadt definitiv an Frankreich abgetreten, kam aber unter französ. Herrschaft nie zu ihrem früheren Glanze. Nach der Zählung von 1866 hatte sie sammt Militär nicht mehr als 54817 E. Ihre Festungswerke neueren Datums wurden theils von Vauban, hauptsächlich aber von Cormontaigne († 1752) angelegt. Belagert wurde die Stadt noch vielfach, auch 1814 und 15, aber nie erobert (M. la Pucelle, nunquam polluta).

14., 16., 18. August 1870: Schlachten um Metz bei Courcelles, Mars la Tour (Vionville), Gravelotte; Marschall Bazaino in die Festung Metz eingeschlossen. — 31. August: Schlacht bei Noisseville; 22. Sept.: Ausfallgefecht bei Peltre; 27. Sept.: Gefecht bei Mercy-le-Haut; 2. Okt.: Ausfall gegen die Division Kummer bei St. Remy; 7. Okt.: Gefecht bei Woippy; 27. Okt.: Kapitulation der Armee Bazaine's und der Festung Metz (173000 Gefangene, darunter 3 Marschälle und 6000 Offiziere).

2. Landkreis Metz.

Gorze, 279 H., 1531 E., Cantonshauptort, Stadt am Bache Gorze, der bei Novéant in die Mosel fließt, geht bis in die keltisch-römische Zeit zurück. Hier begann die ehemalige römische Wasserleitung, die, wie die jetzige, das Wasser nach Metz lieferte.

Um die Mitte des 8. Jahrh. gründete Grodegrand, Bischof von Metz, hier ein Benediktinerkloster, dessen Schulen weit und breit berühmt wurden. Die Aebte hatten den Fürstentitel und das Münzrecht. Im Jahre 1621 schlugen die Herzöge von Lothringen die Güter der Abtei zu der Primatialkirche von Nanzig, bei welcher sie bis 1661 blieben. In diesem Jahre (Friede von Vincennes) trat Herzog Karl III. von Lothringen die ganze Herrschaft an Frankreich ab, und die Abtei wurde von der Primatialkirche wieder getrennt. 1752 wurde das Kloster säkularisirt. — Die Pfarrkirche stammt aus dem 11. Jahrhundert, das Schloß aus dem 17.

Jouy-aux-Arches, 188 H., 1022 E., Dorf auf dem rechten Ufer der Mosel, südwestlich von Metz. Hier ging die römische Wasserleitung über die Mosel. Sie hatte von Gorze bis Metz eine Länge von 24 Kilom. Die Breite über das Moselthal betrug 1091 M. Die Gewässer wurden benützt für die Bäder und die Naumachia in dem alten Divodurum. Bei J. sind noch Pfeiler von verschiedener Höhe übrig, 7 auf der linken und 16 auf der rechten Seite der Mosel (bei dem Volke „Teufelsbrücke" pont du Diable genannt). Südlich von J. liegen die Ruinen des Schlosses St.-Blaise.

Ars an der Mosel, 473 H. 5330 E., Städtchen am Eingange des Mancethales, bekannt durch seine bedeutenden Eisenwerke.

Pange, 103 H., 295 E., an der französischen Nied, südöstlich von Metz, Cantonshauptort, besitzt ein Schloß aus dem 17. Jahrh.

Remilly, 214 H., 928 E., Dorf südöstlich von Metz an der franz. Nied, bekannt durch seine Sauberkeit (village modèle).

Verny, 79 H., 278 E., Cantonshauptort, südlich von Metz am Bache Morfontaine.

Vigy, 213 H., 763 E., Cantonshauptort, nordöstlich von Metz.

3. Kreis Diedenhofen.

Diedenhofen, Thionville, 772 H., 7155 E., Kreishauptstadt und Festung erster Klasse, liegt beinahe ganz auf dem rechten Ufer der Mosel sammt dem Fort de la Double-Couronne. Die Stadt hat 3 Thore (Metzer-, Luxemburger- und Siercker-Thor), ein Kreisdirektionsgebäude, ein Stadthaus, ein Collegium, ein Theater, eine Getreidehalle, eine schöne Steinbrücke über die Mosel.

D. ist sehr alt. Es kommt unter dem Namen Theodonis villa schon zu Zeiten Karl's des Großen vor und war einer der Lieblingsaufenthaltsorte dieses Kaisers, der hier mehrere Capitularien erließ und 805 in einer Versammlung der deutschen Fürsten ihnen seinen letzten Willen hinsichtlich der Theilung seines Reiches verkündete. Durch den Vertrag von Mersen 870 kam es ebenfalls an Deutschland. Es gehörte später, als südlichster Punkt der Grafschaft, den Grafen v. Luxemburg, die es im 13. Jahrh. befestigen ließen. Von ihrem Schlosse ist noch ein Thurm vorhanden, der aus dem 10. Jahrh. stammen soll und von dem Volke „Flohthurm" (Tour aux Puces) genannt wird. Im Laufe der Geschichte hatte D. noch verschiedene Herren: die Herzöge von Burgund, die Habsburger, die Könige von Spanien. Im Jahre 1643 wurde es von dem Prinzen v. Condé erobert und 1683 an Frankreich abgetreten. Die Hauptbefestigungen wurden dann von Vauban und Cormontaigne ausgeführt. Im Jahre 1792 und 1814 wurde es von den Deutschen belagert, am 24. November 1870 den Deutschen übergeben.

Moyeuvre=Grande, 492 H., 3067 E., Dorf südwestlich von Diedenhofen, an der Orne und dem Bache Conroys, hat berühmte Eisenwerke, die schon im 14. Jahrh. existirten und den Grafen von Bar gehörten. Später gehörten sie der Familie Fabert, jetzt der Familie Wendel.

Richemont, 245 H., 959 E., Dorf am rechten Ufer der Orne, besaß ehemals ein festes Schloß. Die Kirche stammt aus dem 15. Jahrh.

Uedingen (Uckange), 177 H., 1164 E., Dorf an der Mosel mit Fabriken.

Hayange, 527 H., 3935 E., Dorf an den beiden Ufern der Fensch, südwestlich von Diedenhofen, mit großen der Familie Wendel gehörigen Eisenwerken

Volkringen (Volkrange), 143 H., 626 E., Dorf westlich von Diedenhofen, mit Ruinen eines Schlosses aus dem 15. Jahrh.

Flörchingen (Florange), 263 H., 1330 E., Dorf an der Fensch, östlich von Hayange.

Hier besaßen bereits die Merovinger ein Landgut. Das Schloß wurde 1521 von dem Fürsten v. Nassau auf Befehl Karl's V. zerstört.

Jutz oder Jeutz (Yutz-basse), 295 H., 1509 E., altes Dorf, 3 Kilom. nordwestlich von Diedenhofen am rechten Moselufer, besaß eine sehr alte, 1815 zerstörte Kirche.

Kattenhofen, Cattenom, 264 H., 1043 E., Cantonshauptort, Dorf am linken Moselufer, war ehemals ein mit Mauern umgebenes Städtchen. Der Kirchthurm soll von den Templern gebaut sein. Das Schloß stammt aus dem 17. Jahrh.

Rüttgen, Roussy-le-Village, 226 H., 1035 E., Dorf nordwestlich von Rattenhofen. Die Kirche enthält die Gruft der alten Grafen v. Custine. In dem nahen Weiler gleichen Namens (Roussy-le-Bourg) stehen ein Schloß im Renaissance-Stil und die Ruinen einer Burg.

Monborf, 38 H., 150 E., Dorf an der Luxemburgischen Grenze, Badeort.

Metzerwiese, 151 H., 641 E., Cantonshauptort, Dorf südöstlich von Diedenhofen.

Königsmachern, 322 H., 1398 E., Dorf an der Kanner, 500 M. oberhalb ihrer Mündung in die Mosel, ein alter Ort, der ursprünglich Macheren hieß, den Herrn von Distroff gehörte und im 13. Jahrh. an die Grafen von Luxemburg kam. Johann, Graf v. Luxemburg und König v. Ungarn, ließ den Platz befestigen und setzte dem Namen das Wort „Königs" vor.

Sierck, Sirca, 404 H., 2061 E., Cantonshauptort, Stadt in malerischer Lage am rechten Ufer der Mosel am Eingang des engen Thales von Montenach, erhebt sich amphitheatralisch zwischen den 3 Bergen Stromberg, Altenberg und Kirschberg. Auf dem Altenberg stehen die Ruinen eines alten Schlosses.

Die Stadt ragt in die Römerzeit hinein, gehörte später zu Austrasien, den Bischöfen von Trier, den Bischöfen von Metz, den Grafen von Sierck. Gegen Ende des 13. Jahrh. kam es an die Herzöge v. Lothringen, wurde 1633 von Ludwig XIII. von Frankreich, 1643 von dem Herzoge v. Enghien belagert und erobert. 1661 kam es an Frankreich.

Mandern, 155 H., 689 E., Dorf 6 Kilom. nordöstlich von Sierck. Auf dem nahen Hügel sind die Ruinen des Schlosses Mensberg, das den Bischöfen von Trier und den Grafen von Sierck gehört hatte und jetzt bekannt ist unter dem Namen Malborough-Schloß, weil dieser englische Feldherr auf seinem Zuge gegen den Marschall Villars (1705) sich hier längere Zeit aufhielt.

4. Kreis Saarburg.

Saarburg, 403 H., 2821 E., Kreishauptstadt, liegt an der Saar nördlich von dem Marne-Rhein-Kanal.

Es ist eine sehr alte Stadt, die schon zur Römerzeit unter dem Namen **Pons Saravi** (Saarbrück) vorkommt. Zahlreiche römische Alterthümer, die hier aufgefunden und in das lothringische Museum nach Nanzig gebracht wurden, geben davon Zeugniß. Im Mittelalter stand die Stadt unter dem Bisthum Metz, gegen dessen Kirchenfürsten sie sich wiederholt empörte. Von den alten Befestigungswerken, die 1552 **Markgraf Albrecht v. Brandenburg** zerstörte, sind nur noch unbedeutende Reste vorhanden. Die Herzöge v. Lothringen bemächtigten sich der Stadt im Jahre 1475, und 1561 wurde sie von den Bischöfen v. Metz ganz an jene abgetreten. Im Jahre 1661 mußte der lothringische Herzog Saarburg und Niederweiler an Frankreich abgeben, und behielt nur das Schloß Saareck mit den dazu gehörigen Dörfern. — Den Namen Kaufmanns-Saarbrück (S. la Marchande) verdankt die Stadt dem Umstande, daß die Lombarden im 13. Jahrh. hier Waarenniederlagen eingerichtet hatten zur Vermittelung des Handels zwischen Deutschland und Frankreich. — S. ist der westliche Endpunkt des Zaberner Vogesenpasses, durch den Kanal und Eisenbahn führen.

Rixingen, Réchicourt, 232 H., 927 E., südwestlich von Saarburg, Cantonshauptort, Dorf in dem gleichnamigen Walde.

Es war der Mittelpunkt einer Grafschaft, die ein Lehn des Bisthums Metz war. Sie gehörte dem gräflichen Hause Leiningen und wurde 1699 von Graf Ludwig Eberhard von Leiningen-Westerburg an einen Grafen v. Ahlefeld verkauft. Im 30jährigen Kriege wurde der Ort von den Schweden zerstört.

Avricourt, 150 H., 937 E., ist die Grenz- und Zollstation der Eisenbahnlinie Straßburg-Paris und Ausgangspunkt der französischen Bahn A.—Cirey.

Lörchingen (oder Lörchen), Lorquin, 244 H., 1014 E., Cantonshauptort südlich von Saarburg.

Türkstein (Turquestein), 33 H., 149 E., Dorf an dem linken Ufer der weißen Saar. Am Berge Ueberreste eines im 30jährigen Kriege zerstörten Schlosses.

St. Quirin, 340 H., 1351 E., Dorf nordöstlich von Türkstein, hatte eine Spiegelfabrik. — Der St. Quirinswald mit 5286 Hektaren Flächeninhalt.

Alberschweiler, 382 H., 1681 E., Dorf am Eingange in das romantische Alberschweiler Thal (rothe Saar).

Pfalzburg, 494 H., 4328 E., Garnisonstädtchen auf dem Hochplateau der Vogesen, Cantonshauptort.

Es war ehemals Mittelpunkt des Fürstenthums Pfalzburg, das aus Oertern bestand, die vorher zur Grafschaft Lützelstein gehört hatten. Georg Johann, Pfalzgraf zu Veldenz und Besitzer der Grafschaft Lützelstein, verkaufte diese Gegend 1583 an Karl, Herzog v. Lothringen. Durch Herzog Heinrich's v. Lothringen Schenkung kam sie im 17. Jahrh. an Ludwig Guise unter dem Titel eines Fürstenthums und endlich durch 1661 und 1718 gemachte Verträge an Frankreich. Die Stadt Pfalzburg ist 1570 von Georg Johann an der Stelle des früheren Dorfes und Schlosses Einarzhausen (gegen die jetzige manutension hin) erbaut worden. König Ludwig XIV. hat die Stadt im Jahre 1680 befestigen lassen. Im Jahre 1814 und 15 war der Platz blos eingeschlossen, aber nicht erobert. Uebergabe der Stadt 12. Dezbr. 1870. Schleifung der Festungswerke Sommer 1872. (Göthe's Beschreibung von Pfalzburg vom Jahre 1871.)

Lixheim, 194 H., 749 E., Mittelpunkt der früheren Herrschaft dieses Namens.

Dagsburg, Dabo, 527 H., 2557 E., in der Höhe der Vogesen und in einem Seitenthale der Zorn.

Auf einem isolirten abgeplatteten Sandsteinkegel oberhalb des Dorfes (532 M. h.) stand das Schloß der Grafen v. Dagsburg-Egisheim, der Beherrscher der Grafschaft D., die schon um 983 erwähnt werden. Papst Leo IX. (vorher Bischof von Toul) (geb. 1002, † 1054 zu Rom) stammt wahrscheinlich aus dieser Familie und war hier geboren (s. Egisheim). Die männliche Linie erlosch 1225, und die Grafschaft ging dann an die Grafen von Leiningen über. Das Schloß wurde später verlassen und 1677 von den Franzosen zerstört. 1825 baute man auf der Plattform eine Kapelle zu Ehren des Papstes Leo IX. Der Wald von D. hat 11060 Hektare Flächeninhalt.

Lützelburg, 114 H., 571 E., Dorf und Eisenbahnstation im Zornthal. Oberhalb des Dorfes stehen noch 2 Thürme des alten Schlosses der Grafen von L.

Das Schloß stammte aus dem Anfang des 12. Jahrh. und wurde 1523 durch die Truppen des Franz v. Sickingen zerstört. Das Dorf kam 1661 an Frankreich.

Finstingen, Fénétrange, 245 H., 1339 E., Cantonshauptort an der Saar, war ehemals Sitz der Herrn v. Finstingen (Hans v. Finstingen 1439).

Der Letzte derselben, Johann, starb gegen Ende des 15. Jahrh. Durch seine Töchter kam die Herrschaft theils an die Grafen v. Salm, theils an französische Großen, zuletzt 1665 an Herzog Karl Heinrich v. Lothringen, von dem sie an Frankreich überging. Zu F. steht eine alte Kirche und finden sich die Spuren von zwei Burgen und der ehemaligen Befestigung. Um F. herum liegen verschiedene fischreiche Weiher. — Johann Michael Moscherosch (1601—1669), Satiriker, war hier eine Zeit lange Amtmann.

5. Kreis Château-Salins (Salzburg).

Château-Salins (Salzburg), 319 H., 2149 E., Kreishauptstadt an der kleinen Seille, verdankt seinen Namen den 1330 dort angelegten Salinen und einem gegen die Mitte des 14. Jahrh. erbauten Schlosse. Die Kirche stammt aus dem Jahre 1512. Reste von der früheren Befestigung. Im Mittelalter trug es den Namen Salis castellum oder C. Salinae.

Dieuze, im Mittelalter Decia, 488 H., 2784 E., Cantonshauptort, Stadt an der aus dem Lindarweiher (étang de Lindre) kommenden Seille, die sich hier mit den Bächen Verbach und Spin vereinigt. Die Salinen von Dieuze nehmen mit all ihren Gebäulichkeiten einen Flächenraum von 267487 ☐M. ein. Der Umsatz beläuft sich auf etwa 5 Millionen Franken. Die S. batiren in das 11. Jahrh. zurück und wurden von den Herzögen von Lothringen und bann von Frankreich ausgebeutet, 1842 an eine Privatgesellschaft verkauft.

D. gehörte zu den unter dem Namen Decem pagi den Römern bekannten Ortschaften. Es wurde wahrscheinlich von Attila verwüstet. Der Name kommt zum ersten Male 633 vor. Im Mittelalter war es befestigt.

Tarquinpol, 33 H., 145 E., Dorf südöstlich von Dieuze auf einer Halbinsel des Lindarweiher, war wahrscheinlich der Hauptort der Decem pagi und eine ausgedehnte römische Stadt. Die zahlreichen römischen Ueberreste und Funde deuten darauf hin. Die alte Römerstraße führte hier durch.

Marsal, im Mittelalter Marsulla oder Marsellum, 193 H., 779 E., Städtchen, war Festungsplatz dritter Klasse unter französ. Herrschaft. Es liegt inmitten salzhaltiger Sümpfe, durch welche die Seille strömt.

Die Stadt ist sehr alt. Sie gehörte den Bischöfen v. Metz, dann den Herzögen v. Lothringen, die sie am Ende des 17. Jahrh. an Frankreich abtraten, das die neueren Befestigungen anlegen ließ. Im Norden von M. findet man die Spuren einer Römerstraße, die von Divodurum nach Pons Saravi ging. In großer Ausdehnung findet man hier in dem morastigen Boden gewaltige Unterbauten aus Backsteinen, die unter dem Namen **Ziegelwerk der Seille** (Briquetage de la S.) bekannt sind und von den Römern herrühren. Um Marsal allein bedecken sie einen Raum von 372480 ☐M. Die Salinen von M. wurden im Laufe des 17. Jahrhunderts aufgegeben. Die Festung ergab sich im letzten Kriege am 15. August 1870.

Moyenvic, 184 H., 882 E., Dorf auf dem linken Ufer der Seille, verdankt sein Entstehen den Salinen, die schon im 9. Jahrh. ausgebeutet wurden.

Der Ort gehörte den Bischöfen von Toul, dann denen von Metz, die es befestigen ließen. Hierauf kam es an die Herzöge von Lothringen. Herzog Karl IV. befestigte es regelmäßig im Anfang des 17. Jahrh. Einige Jahre später wurde es von dem französ. Marschall La Ferté erobert und 1648 und 1661 an Frankreich abgetreten. Die Festung wurde geschleift, die Salinen bis 1843 ausgebeutet, dann zu Gunsten der Salinen von Dienze zugleich mit denen von Vic verkauft.

Vic, 457 H., 1310 E., Städtchen an der Seille, war im 12. und 13. Jahrh. Hauptstadt der Besitzungen des Bischofs von Metz, der hier seine Kanzlei hatte. Bis 1841 wurden hier die Salinen ausgebeutet, 1843 für 466000 Fr. verkauft. Vom alten Schlosse sind noch Ueberreste vorhanden.

Albesdorf (fr. Albestroff), 168 H., 675 E., Dorf, Cantonshauptort im nordöstl. Theile des Kreises.

Delme, 177 H., 649 E., Dorf im westl. Theile des Kreises an einem zur Seille fließenden Bache (Saint-Jean) gelegen, steht wahrscheinlich auf dem Boden einer früheren römischen Niederlassung. Bei D. befindet sich der höchste Punkt der ganzen Gegend (la côte de D., 405 M. h.).

6. Kreis Bolchen (Boulay).

Bolchen, Boulay, 484 H., 2592 E., liegt an dem zur Nied fließenden Katzbach.

Die Stadt war ehemals befestigt und Mittelpunkt einer bedeutenden Herrschaft. Im 16. Jahrh. ging sie an das Haus Lothringen über und wurde im 18. Jahrh. mit Frankreich vereinigt.

Busendorf, Bouzonville, Bosonis villa, 377 H., 1775 E., Cantonshauptort, liegt auf einem Bergkegel an der Nied und dem Bache Breittnach,

besaß eine von dem Grafen Adalbert im Jahre 1033 gestiftete Abtei, die von Papst Leo IX. besucht wurde, 1683 abbrannte, wiederhergestellt und in der französischen Revolution aufgehoben wurde.

Fallenberg, Faulquemont, Falconis mons, 206 H., 1062 E., Cantonshauptort, Städtchen, liegt 244 M. h. auf einer von der deutschen Nied gebildeten Halbinsel,

war ehemaliger unabhängiger Herrschaftssitz, der zuletzt an die Herzöge von Lothringen kam. Der deutsche Kaiser Karl IV. machte daraus eine Grafschaft. Die Befestigungen wurden durch die Schweden zerstört.

Kriechingen, Créhange, 134 H., 570 E., Dorf nordwestlich von Falkenberg an der Nied, ehemals bedeutende Festung und Sitz eines alten lothringischen Adelsgeschlechtes.

Herny, 192 H., 807 E., Dorf, eine Zeit lang Sitz des kaiserlichen Hauptquartiers im Sommer 1870.

7. Kreis Saargemünd.

Saargemünd, Sarreguemines, 577 H., 6871 E., Kreishauptstadt an dem linken Ufer der Saar und an der Mündung der Blies, hart an der rheinpreußischen Grenze.

Die Stadt war im 8. Jahrh. nur eine Villa des Abtes Fulrad von St. Denys. Im Mittelalter gehörte sie den Herzögen v. Lothringen, mit denen sie oft im Kampf lag, wie im 14. Jahrh. mit dem Herzog Johann. Im Jahre 1721 baute der Herzog Leopold von Lothringen daselbst ein Capuzinerkloster, das jetzt Sitz der Kreisdirektion ist. — Porzellanfabrikation.

Rohrbach, 236 H., 1098 E., Dorf, Cantonshauptort, Eisenbahnstation zwischen Bitsch und Saargemünd.

Wolmünster, 217 H., 1063 E., Cantonshauptort, Dorf an der Schwalbach in der Nähe der bayrischen Grenze.

Bitsch, 384 H., 3024 E., Cantonshauptort, Festungs=platz dritter Klasse, an der Horn. Die Stadt bildet beinahe nur eine einzige Straße, die um das Fort herumliegt. Das Fort liegt 50 M. oberhalb der Stadt und 424 M. über dem Meere. Es kann 1000 Mann Besatzung aufnehmen und ist, da alle Werke in die Felsen eingehauen sind, und es einen Brunnen von 80 M. Tiefe besitzt, uneinnehmbar (Göthe's Schilderung). Es deckt den Vogesenübergang (Straße u. Eisen=bahn) von Unter=Elsaß nach Lothringen.

B. war Mittelpunkt der uralten Herrschaft Bittis, die den Her=zögen v. Lothringen gehörte. Herzog Friedrich gab sie 1297 dem Grafen Eberhard v. Zweybrücken zu Lehn. Als Graf Jakob v. Zw. 1570 starb, nahm der Herzog v. Lothringen das Lehn an sich und über=ließ dem Grafen v. Hanau=Lichtenberg durch einen Vertrag das Amt Lemberg. — Die Stadt B. entstand im 17. Jahrh. aus der Vereinigung zweier am Fuße des Berges erbauter Weiler. Sie wurde im Jahre 1633 von den Schweden eingenommen und verwüstet. Ludwig XIV. eroberte sie 1676 und ließ 1679 durch Vauban an der Stelle des alten auf dem Berggipfel stehenden Schlosses den Anfang der heutigen Be=festigungen machen. Nach dem Frieden von Ryswijk wurde ein Theil niedergerissen, aber 1714 von Neuem erbaut. Im Jahre 1793 wurde B. vergebens von den Deutschen belagert und bestürmt. Im letzten Kriege war es lange cernirt, wurde aber erst am 23. März 1871 von den deutschen Truppen besetzt. — Die Umgegend von B. wurde ihrer Rauheit wegen von den Franzosen Moselsibyrien, la Sibérie de la Moselle, genannt.

Lemberg, 353 H., 1717 E., Dorf, 7 Kilom. südwest=lich von Bitsch, im Quellgebiet der Zinsel,

war im vorigen Jahrh. noch Sitz eines eigenen Amtes, welches ehemals zur Herrschaft Bitsch gehört hatte, 1606 an die Grafen von Hanau=Lichtenberg und endlich mit der Herrschaft Lichtenberg an das Haus Hessen=Darmstadt gekommen war. Dazu gehörten 28 Dörfer und 15 Höfe, unter andern auch Pirmasens in Rheinbayern.

Stürzelbronn, 60 H., 357 E., Dorf östlich v. Bitsch an der Grenze des Kreises Weißenburg.

Hier war eine im Jahre 1135 von Herzog Simon I. von Loth=ringen gegründete Abtei der Cistercienser, in welcher die ersten lothrin=gischen Herzöge begraben wurden. Sie bestand mit Unterbrechungen bis zur französischen Revolution.

In der Nähe der Weiler Herzogshand, Main-du-Prince, (Sage von den feindlichen Brüdern des Schlosses Wineck und Schöneck).

Egelsharbt, 88 H., 561 E., Dorf südöstlich v. Bitsch. In der Nähe die Ruinen des Schlosses Walbeck mit gleichnamigem Weiher.

Philippsburg, Weiler mit einem Weiher und einem im 17. Jahrh. zerstörten Schlosse des Grafen Philipp v. Hanau.

8. Kreis Forbach.

Forbach, 698 H., 5428 E., Kreishauptstadt an einem Zuflusse der Rossel.

F. war ehemals der Hauptort einer Herrschaft, die 1717 zu einer Grafschaft erhoben wurde und aus dem Städtchen Forbach, 13 Dörfern und 4 Höfen bestand. Von den Grafen von Forbach kam die Herrschaft an die Grafen v. Leiningen-Westerburg und an die Grafen v. Eberstein. Den ebersteinischen Antheil hat 1750 ein Baron v. Spon gekauft; den leiningischen Antheil haben 1751 die Grafen v. Leiningen-Güntersblum und Friederika, die Gemahlin Karl Philipp's, Fürsten v. Hohenloh, an sich gebracht. Johann Fischart, der Verfasser von Gargantua ꝛc., war von 1583 – † 1590 hier Amtmann.

Stieringen (Styring)-Wendel, 468 H., 3513 E., Dorf mit den großen Eisenwerken der Familie Wendel, war vor etlichen 20 Jahren noch ein Weiler.

Speichern, 163 H., 876 E., Dorf nordöstlich v. Forbach. Erstürmung der Speicherer Höhen am 6. Aug. 1870.

St. Avold, 383 H., 2840 E., Cantonshauptort, Städtchen an der Rossel und am Fuße des 281 M. h. Bleyberg's.

Es hieß ursprünglich St. Nabor nach dem Heiligen dieses Namens, dessen Reliquien in der Kirche aufbewahrt werden. Die Abtei wurde im 8 Jahrh. gegründet durch St. Sigebald, Bischof von Metz. Die Stadt war ehemals befestigt, wurde im Jahre 1580 an Karl III., Herzog v. Lothringen, verkauft und im 18. Jahrhundert mit Frankreich vereinigt.

Homburg, 390 H., 1919 E, Dorf nordöstlich v. St. Avold, besteht aus zwei Theilen: Bischofs-H. (Hombourg-l'Evêque) im Thale an der Rossel, und Ober-H. (H.-le-Haut) am Berge. Letzterer Theil ist der ältere. Im Jahre 1524 war hier von Bischof Jakob v. Lothringen ein Stift und ein Schloß gebaut worden. Das Schloß wurde im 18. Jahrh. zerstört. Die Kirche und die Katharinenkapelle stammen aus dem 13. Jahrh. H. besitzt Eisenwerke.

Saaralben, 612 H., 3366 E., Cantonshauptstadt in

dem Winkel zwischen Albe und Saar. Der Saarkohlenkanal geht hier über die Albe hinweg.

S. war im 12. Jahrh. ein Lehen der Bischöfe von Metz und gehörte den Grafen v. Dagsburg. Nach dem Aussterben dieser Familie fiel es an die Bischöfe v. Metz zurück und kam 1561 an die Herzöge von Lothringen.

S. ist berühmt durch seine 3 Salinen (Salzbronn, Saaralben und Haras), die jährlich ungefähr 120000 Zentner Salz liefern und seit dem 12. Jahrh. betrieben werden.

Püttlingen bei Saaralben (Puttelange-lès-Sarralbe), 412 H., 2296 E., Dorf am Moderbach, 257 M. h., war im 12. Jahrh. Hauptort einer Grafschaft, die von dem Bisthum Metz abhängig war. Sie wechselte oft die Besitzer und gehörte im 18. Jahrh. den Fürsten Löwenstein.

Groß-Tänchen, Gros-Tenquin, 176 H., 732 E., Cantonshauptort im Südwesten des Kreises.

Mörchingen, Morhange, 240 H., 1172 E., Dorf an der Südspitze des Kreises.

Geschichte von Lothringen in kurzer Uebersicht.

Das heutige **Deutsch-Lothringen**, so ziemlich in seiner jetzigen Ausdehnung, war in der gallisch-römischen Zeit von dem keltischen Stamm der **Mediomatrici** (oder Mediomatrices, Caes. de b. g. IV, 10; VII, 75) besetzt, deren Hauptstadt **Divodurum** (Metz) war (Tac. hist. I, 63; IV, 70).

Nachdem Attila's Hunnenschaaren, die alte Kultur vernichtend, nach Gallien eingebrochen waren, und die germanischen Völker sich in die römische Herrschaft theilten, fiel dieser Länderstrich den **Franken** zu, die als südöstliche Nachbarn die Alemannen, als südliche die Burgunder hatten. Bei der vielfachen Theilung des Frankenreichs unter den Merovingern bildete L. einen Theil von **Austrasien** und kam als solches mit in das Reich Karl's des Großen. Bei der Theilung des ganzen Reichs unter seinen Enkeln (zu Verdün 843), bildete es ein Stück des Antheils Lothar's I.

Die selbständige Geschichte des Landes beginnt mit Lothar's I. Sohn, **Lothar II.**, der 855 in der Theilung mit seinen Brüdern Ludwig II. und Karl II. das Land zwischen

Saône, Maas, Rhein und Schelde als **Lotharingisches Reich** (Lotharii regnum) erhielt (f. S. 5).

Als Lothar's I. Geschlecht erloschen war, theilten sich Ludwig der Deutsche und Karl der Kahle zu **Marsna** (Mersen 870) in die Erbschaft des Bruders und zwar so, daß **alle Länder östlich von der Maas und Mosel** (sammt einem guten Stück auf der linken Seite der Mosel bei Diedenhofen und Metz) **zu Deutschland kamen.**

Der deutsche Kaiser Arnulph von Kärnthen gab L. seinem Sohne Zwentibold (895—900). Hierauf fiel das Land an Arnulph's Sohn **Ludwig das Kind (899 bis 911)** zurück.

Kaiser Heinrich I. (919—36) erhielt Lothringen, dessen sich König Karl III. der Einfältige von Frankreich († 929) bemächtigen wollte, dem deutschen Reiche theils durch Waffengewalt, theils dadurch, daß er sich die Zuneigung der Großen des Reiches verschaffte (923), und vermählte den neuen **lothringischen Herzog Giselbrecht** oder Giselbert mit seiner Tochter Gerberga. Giselbrecht ertrank im Rhein bei Breisach (Sage von Kuno Kurzebold), als er sich mit andern deutschen Grafen gegen **Otto I. (963—73)** empörte, und Lothringen kam an den Grafen Konrad von Worms, dem Otto zugleich seine Tochter Luitgarde vermählte. Als sich auch Konrad empörte (954), verlor er sein Herzogthum, und Lothringen wurde 959 **getheilt in 2 Herzogthümer.**

Niederlothringen (Lotharingia Mosana oder Ripuaria), das Land zwischen Rhein, Maas und Schelde, erhielt als Lehen Herzog Gottfried;

Oberlothringen, das Land zwischen Rhein u. Mosel bis an die Maas (Lotharingia Mosellana), bekam der Graf Friedrich v. Bar, der Bruder des Bischofs von Metz.

Otto's Bruder, der Bischof Bruno von Cöln, hatte die Oberherrschaft über beide Herzogthümer. Die Gebiete von Metz, Toul und Verdun wurden davon ausgenommen und unmittelbar unter die betr. Kirchenfürsten gestellt.

Die Nachkommen Herzog Friedrich's v. **Oberlothringen**, das hier allein in Betracht kommt (mit der Hauptstadt Nanzig), **starben 1046 aus.**

Der deutsche Kaiser Heinrich III. (1039—56) verlieh nun das Land dem Grafen Albrecht von Elsaß, dem 1048 sein Bruder Gerhard folgte, welcher als Stammvater des lothringischen und somit auch des jetzigen österreichischen Hauses betrachtet wird.

Die Nachfolger desselben sind alle mit der Geschichte des deutschen Reiches verflochten.

Mit Herzog Karl II. starb 1431 der letzte unmittelbare Nachkomme des tapferen Geschlechtes. Seine Tochter Isabella vermählte sich mit

Renatus von Anjou, dem Titularkönig von Neapel. Der deutsche Kaiser Sigismund (1410—37) verlieh ihm das Herzogthum, während Graf Anton von Vaudemont, ein Neffe Karl's II., der die weibliche Erbfolge streitig machte, dadurch befriedigt wurde, daß sein Sohn Friedrich mit Jolantha, der Tochter des Renatus und der Isabella, vermählt wurde. Auf Renatus folgen

Johann II. (1453—1470), Sohn des R., und diesem Nikolaus (1470—1473), Sohn von Johann II., womit das Haus Anjou erlischt. Es folgt

Renatus II. (1473—1508), der Sohn Friedrich's von Vaudemont und Jolantha's, mit dem sich also die eigentliche Dynastie als jüngere lothringische Linie fortsetzt. Dieser hatte heftige Kämpfe zu bestehen mit Karl dem Kühnen von Burgund, der sein Land verheerte und Nanzig 1475 eroberte. R. entfloh nach Lyon, verband sich mit den Schweizern, gewann sein Land wieder und schlug Karl den Kühnen bei Nanzig 1477, wobei dieser fiel. Auf Renatus II. folgt sein Sohn

Anton (1508—1544), ein eifriger Bekämpfer der Reformation, der die elsässischen Bauernheere bei Lupstein, Zabern und Scherweiler besiegte (s. d.). Sein Sohn Herzog Franz I. (1544—45) überließ nach einem Jahre das Land seinem minderjährigen Sohne

Karl III. (1545—1608). Von dieser Zeit an zeigte sich die Länderraubgier Frankreichs immer deutlicher. Während der Minderjährigkeit Karl's III geschah der Raub von Metz, Toul und Verdun (s. Metz). — Kampf Karl's III. mit der Stadt Straßburg wegen Besetzung des Straßburger Bischofssitzes.

Heinrich II. (1608—1624), Sohn Karl's III.

Karl IV. (1624—1670), Neffe und Schwiegersohn Heinrich's II. Unter diesem schwachen Fürsten eroberte Kardinal Richelieu Oberlothringen 1634, gab es zwar auf kurze Zeit heraus, verjagte aber den Herzog abermals 1642 und verwüstete das Land, das schließlich in den Händen Frankreichs blieb. Karl V., Karl's IV. Sohn, der berühmte öster. Feldherr und Bekämpfer der Türken, suchte 1666 u. 1667 vergebens sein Land von Ludwig XIV. zurückzubekommen. Endlich im Frieden von Ryswijk 1697 erhielt sein Sohn

Leopold Joseph Karl (1697—1729) sein Erbe wieder zurück, doch mußte er verschiedene lästige Bedingungen unterzeichnen, unter andern auch die Festungswerke von Bitsch (f. b.) und Nanzig schleifen.

Franz Stephan IV. (1729—37), Sohn des Vorigen, folgte unter der Vormundschaft seiner Mutter Charlotte von Orleans. Im polnischen Erbfolgekrieg (1733—35), durch welchen Ludwig XV. von Frankreich seinen Schwiegervater Stanislaus Lesczinski auf den polnischen Thron bringen wollte, wurde Lothringen abermals von Frankreich besetzt und gemäß den Bestimmungen des Wiener Friedens (1735) für König Stanislaus behalten. Herzog Franz Stephan, der in Wien erzogen wurde, vermählte sich 1736 mit der Erzherzogin Maria Theresia und erhielt zur Entschädigung für sein verlorenes Erbe das Großherzogthum Toskana.

Stanislaus Lesczinski (1737—66) residirte in Lüneville und starb am 22. Febr. 1766. Nach seinem Tode wurde Ober-Lothringen für immer mit Frankreich vereinigt. Doch hatten die lothringischen Großen Sitz und Stimme auf dem deutschen Reichstage bis zum Frieden v. Lüneville (1801).

Die Herzöge von Lothringen führten folgenden Titel: Von Gottes Gnaden N. N. Herzog von Lothringen u. Mercoeur, König von Jerusalem, Marquis, Herzog von Calabrien, Bar und Geldern, Markgraf zu Pont-a-Mousson und Nomeny, Graf zu Provence, Vaubemont, Blamont, Zutphen, Saarwerden und Salen. Der älteste Prinz hieß bei Lebzeiten seines Vaters ein Graf von Vaubemont, schrieb sich, solange er unverheirathet war, Markgraf zu Pont-a-Mousson, nach seiner Vermählung aber Herzog von Bar.

Anhang.

Verzeichniß der Ortschaften, die über 2000 Einwohner zählen.
(Nach der Zählung vom 1 Dezember 1872.)

Namen der Ortschaften.	Kreis.	Einwohnerzahl.
1. Straßburg	Straßburg (Stadtkreis)	85529
2. Mülhausen	Mülhausen	52825
3. Metz	Metz (Stadtkreis)	51388
4. Colmar	Colmar	23045
5. Markirch	Rappoltsweiler	12319
6. Gebweiler	Gebweiler	11338
7. Hagenau	Hagenau	11331
8. Schlettstadt	Schlettstadt	9300
9. Bischweiler	Hagenau	9231
10. Thann	Thann	8052
11. Diedenhofen	Diedenhofen	7155
12. Saargemünd	Saargemünd	6871
13. Rappoltsweiler	Rappoltsweiler	6320
14. Zabern	Zabern	5895
15. Weißenburg	Weißenburg	5885
16. Barr	Schlettstadt	5651
17. Brumath	Straßburg	5603
18. Forbach	Forbach	5428
19. Ars an der Mosel	Metz	5330
20. Sulz	Gebweiler	5276
21. Urbeis	Schlettstadt	5156
22. Oberehnheim.	Erstein	4864
23. Schiltigheim	Straßburg	4843
24. Illkirch-Grafenstaden	Erstein	4758
25. Münster	Colmar	4657
26. Pfalzburg	Saarburg	4328
27. Sennheim	Thann	4319
28. Dornach	Mülhausen	4082
29. Wasselnheim	Molsheim	4080
30. Hayange	Diedenhofen	3935
31. Kestenholz	Schlettstadt	3870
32. Bischheim	Straßburg	3828
33. Weier im Thal	Colmar	3796
34. Winzenheim	"	3796
35. Rosheim	Molsheim	3724
36. Erstein	Erstein	3703
37. Rufach	Gebweiler	3614
38. St. Kreuz im Leberthal	Rappoltsweiler	3541
39. Stieringen-Wendel	Forbach	3513
40. Buchsweiler	Zabern	3371
41. Saaralben	Forbach	3366
42. Masmünster	Thann	3349
43. Saar-Union	Zabern	3331
44. Rixheim	Mülhausen	3243
45. Dambach	Schlettstadt	3225
46. Molsheim	Molsheim	3222
47. Niederbronn	Hagenau	3172
48. Ensisheim	Gebweiler	3129

Namen der Ortschaften.	Kreis.	Einwohnerzahl.
49. Bergheim	Rappoltsweiler	3072
50. Moyeuvre-Grande	Diedenhofen	3067
51. Bitsch	Saargemünd	3024
52. Sulzmatt	Gebweiler	3000
53. Altkirch	Altkirch	2955
54. Sufflenheim	Hagenau	2931
55. Reichshofen	"	2864
56. Bitschweiler	Thann	2842
57. St. Avold	Forbach	2840
58. Kaysersberg	Rappoltsweiler	2830
59. Mutzig	Molsheim	2822
60. Saarburg	Saarburg	2821
61. Montigny-lès-Metz	Metz	2813
62. Dieuze	Chateau-Salins	2784
63. Epfig	Schlettstadt	2752
64. Leberau	Rappoltsweiler	2744
65. Scherweiler	Schlettstadt	2733
66. Türkheim	Colmar	2674
67. Neubreisach	"	2610
68. Benfeld	Erstein	2603
69. Bühl	Gebweiler	2598
70. Dagsburg	Saarburg	2557
71. Borbruck	Molsheim	2589
72. Bolchen	Bolchen	2492
73. Ingersheim	Rappoltsweiler	2492
74. Weiler	Thann	2479
75. Schnierlach	Rappoltsweiler	2462
76. Blotzheim	Mülhausen	2441
77. Markolsheim	Schlettstadt	2394
78. Hochfelden	Straßburg	2392
79. Brunstatt	Mülhausen	2362
80. Wanzenau	Straßburg	2361
81. Püttlingen	Forbach	2296
82. Geispolsheim	Erstein	2295
83. Hilsenheim	Schlettstadt	2272
84. Ingweiler	Zabern	2248
85. St. Amarin	Thann	2243
86. Maursmünster	Zabern	2236
87. Hüttenheim	Erstein	2213
88. St. Pilt	Rappoltsweiler	2207
89. Weiersheim	Straßburg	2195
90. Müttersholz	Schlettstadt	2172
91. Niedermorschweiler	Mülhausen	2172
92. Moosch	Thann	2160
93. Chateau-Salins	Chateau-Salins	2149
94. Herlisheim	Hagenau	2119
95. Hegenheim	Mülhausen	2088
96. Lautenbach	Gebweiler	2073
97. Sierck	Diedenhofen	2061
98. Zell	Rappoltsweiler	2067
99. Andlau	Schlettstadt	2024
100. Merzweiler	Hagenau	2015

Inhaltsverzeichniß.

	Seite
Vorwort	3
Grenzen des Landes	5
Ableitung des Namens	5
Größe und Einwohnerzahl	6
Bodenformation	6
Gewässer	14
Eisenbahnen	22
Eintheilung des Landes	23
Gerichtsverfassung	26
Sprachliche Verhältnisse	27
Wissenschaft und Unterricht	28
Religion	28
Industrie	29
Bezirk Unter-Elsaß	31
Bezirk Ober-Elsaß	48
Geschichte von Elsaß in kurzer Uebersicht	59
Bezirk Lothringen	62
Geschichte von Lothringen in kurzer Uebersicht	74
Anhang	78

www.ingramcontent.com/pod-product-compliance
Lightning Source LLC
Chambersburg PA
CBHW020329090426
42735CB00009B/1466